U0348606

农业的干法

农业企业生存发展之道

胡启毅　著

Winning
Strategies
for
Agribusiness

机械工业出版社

CHINA MACHINE PRESS

图书在版编目（CIP）数据

农业的干法：农业企业生存发展之道 / 胡启毅著 . —北京：机械工业出版社，2023.4
（2023.6 重印）
ISBN 978-7-111-72550-3

Ⅰ.①农…　Ⅱ.①胡…　Ⅲ.①农业企业－企业发展－研究－中国　Ⅳ.①F324

中国国家版本馆 CIP 数据核字（2023）第 010508 号

农业的干法：农业企业生存发展之道

出版发行：	机械工业出版社（北京市西城区百万庄大街 22 号　邮政编码：100037）		
策划编辑：华　蕾		责任编辑：华　蕾　张　昕	
责任校对：张亚楠　张　征		责任印制：李　昂	
印　刷：河北宝昌佳彩印刷有限公司		版　次：2023 年 6 月第 1 版第 2 次印刷	
开　本：147mm×210mm　1/32		印　张：10	
书　号：ISBN 978-7-111-72550-3		定　价：69.00 元	

客服电话：（010）88361066
　　　　　（010）68326294

各界推荐

关于农业的图书很多，但多数要么围绕在宏观，要么拘泥于门类，胡启毅先生的书定位在"干法"，别开生面，既通达宏观与微观，又兼具传统和创新，同时从当下的经营看未来的治理，实在难得。这是因为他独特的横跨学官产的经历，既有实战管理得到的务实与直接，又有教学研究养成的冷静与客观，更有曾在政府部门工作的担当与广博。胡启毅先生之所以将他的职业人生锚定在榕石商学上，是他深知产业的振兴在于人才的养成与不断自我进化。

王 航

新希望集团副董事长，厚生投资创始合伙人

我在国务院农业部门工作几十年，深知农业产业的复杂性。如何发展农业，如何搞好农业企业是个大课题。胡启毅先生曾经是我的同事，我非常了解他。他独立思考、勤奋工作、诚恳待人，不管是在大学、机关还是在央企，表现都非常优秀。几年前他创办榕石商学，专门培训农业企业家，这是一份功德无量的事业。现在他又把自己在农业行业积累了几十年的管理智慧，汇集于本书。我认真读了书稿，觉得这本书不仅是认识农业行业的导航图，而且是农业企业的管理指南，相信对各种类型的农业企业经营者认识行业和管理企业都有帮助。这是一本好书，值得研读。

宋树有

国务院原稽察特派员，中央纪委驻农业农村部纪检组原组长

管理源于实践。本书的可贵之处在于，作者以多年从事农业教育、行政管理和企业经营实践形成的独特视角，全方位解读农业企业的管理实践；通过亲身调研的大量案例，提炼出农业企业的管理精华。中国农业产业不缺乏企业家和管理者的实践，但缺乏把这些实践升华为管理理论的思想者。相信本书可以引起很多农业企业家和管理者的共鸣，也可以为中国农牧企业的"干法"提供指引和借鉴。

张许科

普莱柯生物工程股份有限公司董事长

作为乡村振兴的首要基础和巩固脱贫攻坚成果的第一抓手，产业振兴无疑为农业企业发展开辟了广阔天地。农业企业家该如何作为才能抓住这一历史机遇？凝聚胡启毅先生半生心血的这本书将给出他的答案。

于康震

国务院参事，农业农村部原副部长

中牧集团、中牧股份和乾元浩公司都是中国农业发展集团的骨干企业，胡启毅先生为这些企业的发展做出了自己的贡献。当下他以榕石商学的平台培训农业管理人才，并把这些年的管理心得写成《农业的干法》，以文载道，弘道惠生，功德无量。

曹江林

中国农业发展集团有限公司党委书记、董事长

有幸拜读了胡启毅先生的这本书，受益匪浅。胡先生经历丰富，先后在高校、政府部门、企业工作，并担任过多家央企和上市公司的总经理、董事长，曾经创立并发展壮大过多家农业企业。本书是他切身实战经验和长期理论思考的结晶，具有很强的指导意义。本书既有对企业发展的深入思考，也有对人生哲理的思考，不仅对企业家或想成为企业家的人来说是一本必读书，而且对任何一名想做好管理工作的人来说也是一本非常好的参考书。在我国全面推进乡村振兴的大背景下，农业企业和农业企业家应该成为实现农业强国的主力军，期待有更多的人读到这本书！

仇焕广

中国人民大学农业与农村发展学院院长

农业行业纷繁复杂，农业企业数量庞大，每家企业都有自己的管理难题。如何抓住管理本质少走弯路，是众多农业企业的期盼。胡启毅先生以他横跨学官产的独特视角，结合大量管理案例，凝聚成实战的"干法"，为农业企业解决自己的管理难题，提供了可以

落地的方法和路径。本书值得反复阅读。

杨翔

广西扬翔股份有限公司创始人

非常高兴看到启毅的这本新书。本书针对性强，可以用两个字——"实在"来评价。作为多年的朋友，我衷心希望本书能够为启毅想做的事、为榕石商学的发展助力。

宁向东

清华大学经济管理学院教授

本书汇集胡启毅先生几十年管理心得和 40 多个农业企业的管理案例，不仅对大型农牧企业的管理有帮助，而且对大量中小型农牧企业有借鉴意义，值得反复研读。

赵成霞

伊利集团董事、副总裁

从本书的书名可知，这并不是一部由理论推导产生的管理学著作。作者的工作经历颇为丰富，但最重要的是他担任农业企业领导的阶段，不仅做得非常成功，而且对农业企业管理有深刻的思考。这种思考的基本原则是实事求是：把他在农业企业中碰到的问题、解决问题的方法上升到理论高度，从具体事件上升为对普遍规律的把握。正是这些来源于实践的经验总结，才使本书具有极强的针对性和实用性。这一点已被作者所创办的榕石商学的同学们证实。

徐晓村

中国农业大学教授

本书结合我国当前农业农村发展的情况，尤其是畜牧业产业化经营模式的趋势，案例真实，具有可读性和可研性，是推动乡村振兴和农业产业发展很好的学习素材，值得研读。

陈瑞爱

肇庆大华农生物药品有限公司董事长

华南农业大学兽医学院教授、博士生导师

胡启毅先生做过中国农业大学的老师、农业部（现农业农村部）的干部、中牧股份上市公司董事长。他把自己几十年来所了解的农业领域的产业理论、国家政策，所总结的企业实践的研究心得写成这本农业企业的管理专著，独树一帜，非常实用。

王立新

北京邮电大学经济管理学院 MBA 教授，营销策划人

偶然的机会，我有幸成为胡启毅先生的学生，为其睿智博学、良好素养、超强能力和真诚待人所折服，他是我的人生导师。他用自己毕生所学、所感、所悟，写就了这本书，帮助农业企业家在发展的道路上理性思考，少走弯路。本书是不可多得的一本好书。

唐一国

四川康巴情生态农牧科技集团有限公司董事长

知道与做到之间隔着一座喜马拉雅山。胡启毅先生，在乾元浩、中牧股份任职期间的管理实操中"做到"在先，在血肉精神灵

魂一体的生命中，概括提炼出坚实的"胡氏道理"，必将在生命"血肉化"中发扬光大。

王育琨

商业哲学家，财经作家

企业家总是遇到各种"无解"或"发散性"的问题，需要升维心智模式，才能找到解决问题的办法。胡老师的这本书除了帮助企业家解决企业发展的问题，收获他成功运营企业的宝贵经验，感受他永不停步的榜样力量，更能帮助企业家得到他多年磨炼出来的心智模式的启迪。

王洪燕

天津瑞孚农牧科技集团有限公司董事长

现在很多高谈阔论者，讲的基本都是"纸上"得来的知识，而榕石商学在既要尊重自然规律又要尊重企业发展规律的农业领域深耕多年，它传播的知识，基本都是从实践中总结的真知，属于几近"断流"的实学，这非常难得。这些真知灼见都囊括进胡启毅这本来自农业企业实践的书里了。

葛长银

中国农业大学副教授，财税专家

在经营企业最为迷茫时，有幸到榕石商学跟随胡启毅老师学习企业经营管理之道，受益良多。启毅老师从几十年农业企业深耕中汲取智慧，并从榕石商学学员的企业和头部农牧企业的数百个案例中总结经验，写作了这本书。作者洞察深邃、思想敏锐、表达至简……为农业企业的成长与转型指明了方向。

张燕兵
山东中牧饲料科技有限公司董事长

"用心做事，真诚相授"。这是我对本书的第一感受，也是对交往了二十多年的朋友启毅的行事风格的一贯认知。本书源自作者的实际管理经验，可操作性强，既有自上而下的理论指导，也有自下而上的总结提炼。农业产业的企业家们，若有幸看到本书，不仅开卷有益，而且能够给企业实际经营运作带来直接的效益。敬佩作者对行业的无私奉献，共勉！

刘革峰
康健国际医疗集团有限公司执行董事及副主席

我是一家成长型农业企业的创始人，平时很喜欢读书。市面上讲农业的书很多，讲管理的书更多，而胡老师的这本书立足农业讲管理，是给我们量身定制并且真正懂我们的书。感动于胡老师帮助农业企业的情怀，更感谢他书中提炼的方法，让我们学得会、用得上、转化得了。

陈宏
北京天富来生物科技有限公司董事长

在以中国式现代化全面推进中华民族伟大复兴的新征程中，如何推进农业现代化？如何成为新时代的农业企业家？如何将百年基业传承下去？本书都将给你答案。

余柏文

北京青创伯乐投资有限公司总裁，投资专家

因为哲学，我跟启毅成为忘年交。他的哲学素养，让他具备透过现象看本质的能力。他运用这种能力分析复杂的农业和管理，凸显了本书的启发性作用和引领性意义。本书是一本从实践中来又回到实践中去的好书。

李中华

北京大学哲学系教授

自序　向阳而生

　　农业是一个需要阳光的产业，农业企业如何向阳而生，发展壮大？或许是因为我独特的经历，无数农业企业家问过我这个问题。要回答这个问题，就要先从农业产业的特性谈起。

　　农业作为第一产业，具有以下四个显著特性：一是基础性，农业产业不仅提供人类必需的食物，还为第二产业和第三产业的企业提供原料，食物和农业原料的不可替代性，决定了农业的基础性；二是生物性，初级农产品生产对象的生命属性，使得农业具有生物性；三是地域性，农业分布在全国各地，不同地域的自然条件不同，决定了农产品的品种和品质各不相同，此为地域性；四是周期性，不同农产品生产期限各不相同，这决定了农业的周期性。

　　农业产业生态异常复杂，横向分为农林牧渔四个行业，纵向包含产业链上中下游各种业态，纵横交错形成了数百个细分领域和

30万亿元的产业规模，被誉为"永远的朝阳产业"，蕴含着不可估量的发展机会。

数量庞大的农业经营主体，分布在复杂的农业生态系统之中，它们千差万别，形态各异。有年收入超过千亿元的大型农业集团，有各个细分领域的龙头企业和中小型农业企业，更有为数众多的家庭农场和农民合作社，正是这些经营主体推动了乡村振兴和农业产业的发展。

农业企业是各类农业经营主体的典型代表，它们一端连接农户，一端连接消费终端，成为城乡产业的连接器；在国家优先支持农业发展的大背景下，农业企业成了农业政策的放大器；分布在产业链各个环节的农业企业，也是推动农业产业发展的助推器。由于诸多原因，农业企业的发展还面临许多问题，如何找到符合自身实际情况的发展方式，是众多农业企业的共同诉求。

为推动农业企业的发展做有益的工作，是我毕生的使命。无论是从中国农业大学毕业留校任教还是到农业部（现称"农业农村部"）工作，抑或是从中牧实业股份有限公司离职创办榕石商学（简称"榕石"），30年里我从来没有离开过农业行业。学官产的经历，使我更深刻地理解农业产业发展的基本规律、农业政策制定的内在逻辑，以及农业企业经营管理的工具方法。目前，作为榕石商学的创始人和中国农业大学的特聘教授，我深度跟进了数百家农业企业，目睹了它们在经营上的艰难和管理上的困惑，因此写了这本书，期望为推动农业企业的持续发展注入向阳而生的力量。

在写作本书的时候，我首先从农业企业经营管理的问题出发，梳理企业发展关注的十四个共性话题，然后归集为发现机会、获取利润、带领团队和持续进化四个方面，再以农业产业为背景，以管理案例为参照，并与我多年的管理实践相结合，力争系统回答农业企业关心的共性话题，以此构成了全书四章共十四节的架构。

第一章首先从产业机会入手，梳理传统农业、农业土地和创新农业的机会，帮助大家找准赛道，避免犯方向性错误。农业企业首先要活下去才能发展。第二章重点从选择、模式、营销和运营四个维度分析了企业利润的来源和实现形式，帮助大家寻找企业提升利润的方法和路径。第三章围绕对人的管理展开，从企业家管理自己开始，谈到企业决策、带领团队和组织建设，回答企业如何做好"人"这篇大文章。企业持续发展是大家关心的问题。第四章从企业治理、数智化和传承三个方面，与企业家探讨企业如何迭代进化。

本书的写作得到了同事、同学和朋友的大力帮助：榕石商学的李国军老师帮助梳理文字，收集案例，做了大量辛苦的工作，刘平老师提供了许多宝贵建议；榕石商学的师生和许多朋友针对本书提出了大量宝贵意见，在此一并感谢！

由于本人写作经验的缺乏和认知的不足，本书还有许多不完善之处，请农业企业的同行多多指正！

目录

第一章

农业产业的机会在哪里

农业产业的机会在哪里？

在供给端，农业产业细长的产业链和众多细分领域，构成了庞大的产业规模，各种形态的农牧食品企业，正在成为产业发展的强大推力；在需求端，农产品因其刚性需求和高复购率，加之终端消费的升级换代，正在形成产业发展的强大拉力；在政策端，农业产业是众多产业的基础，国家对农业的大力支持，乡村振兴的深入推进，已经成为农业产业发展的巨大引力。在供给、需求和政策三股力量的共同作用下，中国农业产业蕴藏着不可估量的发展机会。

与此同时，农业产业具有基础性、生物性、地域性、周期性特征，形成了农业产业天然的进入门槛。如何洞察农业产业的演变规律，把握农业产业链的关键环节，认识农业土地的根本属性，发现农业的创新机会，抓住农业产业发展的巨大商机，这些大家关心的问题，正是本章要讨论的内容。

传统农业的机会

农业产业链纵横交错，异常复杂。

从纵向看，农业产业链很长，包含育种、种植和养殖、加工、流通等环节。农业产业链前端的产品，为中端的生产创造条件，产业链后端不仅承接中端生产的产品，还通过加工提升初级农产品的价值，加工后的农产品再进入流通领域，最终抵达终端消费者。整个产业链环环相扣，紧密连接，相互影响。比如生猪产业链的前端是饲料、疫苗、兽药企业，而这三类企业上游还有数量庞大的原料供应企业；中端是各种规模的养猪企业、养殖户；后端是屠宰和流通企业。整个生猪产业链产值超过万亿元，所以有"猪粮安天下"的说法。据不完全统计，2021年农业产业链前端的投入品、中端的生产品和后端的加工品累计增加值30万亿元左右，所以农业是事关国计民生的基础产业。

从横向看，农业产业包括农、林、牧、渔四个主产业，分别提供粮食、蔬菜、水果、肉蛋奶和水产品。每一个主产业的内部都形成了相互关联的体系，产业之间又相互渗透、相互影响。比如粮食生产不仅提供口粮，而且提供畜牧业和水产养殖业的饲料原料，粮食价格的波动直接影响肉蛋奶和水产品的价格。肉蛋奶的供应状况，也可能影响水产品的消费。

总之，农业产业链内部纵向一体，彼此约束，产业链之间横向关联，相互影响。纵横交错构成了农业产业的超级"蜘蛛网"和巨型产业链（见图 1-1）。

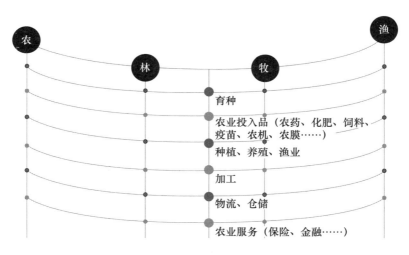

图 1-1　纵横交错的农业产业链

在如此庞杂的产业链里如何发现商业机会，是农业企业首要考虑的问题。无论是横向的产业领域，还是纵向的产业环节都有自己独特的行业壁垒、技术壁垒和市场壁垒，这让农业企业选择农业细分领域的时候，面临诸多难题。从宏观的视角审视产业链的发展趋势，从微观的视角选择进入领域，是农业企业抓住产业链发展机会的关键。以下沿着产业链的关键节点，探讨农业企业如何在产业链里发现机会。

在农业产业链里"打桩"

纵横交错的农业产业链，包含 100 多个细分领域，这些细分领域既彼此独立又相互关联。比如，生产化肥的企业把肥料卖给种植企业，种植企业把粮食卖给饲料企业，饲料企业把饲料卖给养殖企业，养殖企业把动物卖给屠宰企业，屠宰企业再把肉类卖给肉类销售企业或者餐饮企业。在这条细长的产业链上，一旦终端肉类产品的价格产生波动，所有参与企业都可能受到影响。

农业产业链像一根挥动的皮鞭，任何一段的摆动都可能影响其余部分的摆动，只是摆动幅度不同而已。产业链上各个环节的企业属性不同，技术要求存在巨大差异。如上面列举的肉类产业链，包含了化肥、种植、饲料、养殖、屠宰、流通等环节的企业，其中化肥、饲料和屠宰类企业属于工业企业，种植和养殖类企业属于农业企业，流通类企业属于贸易类企业，这三类企业因为肉类生产而串联在一条产业链上。不同的属性不妨碍企业之间的协同配合，不同技术要求不妨碍企业的技术进步，不同地域不妨碍企业的共同发展。恰恰是产业链各环节的企业在各自领域不断进步，提升了整个产业链的产出效率，形成了合作共赢、协作发展的良好局面。

　　由于产业链各个环节所需专业技术差异巨大，从理论上讲，任何一家企业试图掌控全产业链的所有环节，既不经济也缺乏可操作性。比如养殖企业不太可能生产化肥，种植企业也未必能生产薄膜。产业链上的企业根据自身优势，选择某一个或几个环节介入，干自己擅长的事，不仅有利于企业本身的发展，也有利于提升全产业链的整体效率。

　　国际知名的四大粮商，即ADM、邦吉（Bunge）、嘉吉（Cargill）、路易达孚（Louis Dreyfus），简称ABCD，利用多年积累的优势，在产业链的一些关键环节布局，实现所谓的有限全产业链经营，在全球粮食市场具有绝对的话语权。

　　ABCD业务遍及农业全产业链，每家企业根据自身优势，在农业产业链的关键环节"打桩"，构建核心能力。

　　ADM：打造三条链。一是以食品为核心的实物链，打通从农田到餐桌的所有环节。经过一百年的发展，ADM已经掌控了产地、运输、加工、配送、市场和销售等关键控制点。二是以信息为核心的资讯链，ADM与AT&T合作长达20多年，构建了覆盖全球的信息系统。三是金融链，通过金融＋农业搭建信托、银行、期货、投资咨询的金融体系。

　　邦吉：上游生产化肥，中游进行加工，下游销售食品。其核心竞争力在于控制产业链上游，比如不光卖化肥，更卖种植解决方案，与农业生产者建立良好关系，不只是化肥供应商，更是粮食收购商。

嘉吉：以农业为核心开展多元化发展。嘉吉不仅涉足农产品加工、饲料、化肥、食品等业务，还涉足金融、新能源等业务。嘉吉建立了强大的信息系统，可以 24 小时监控全球粮食和期货价格，它还收购了气象公司，研究气候变化对粮食的影响。

路易达孚：以农业为主体打造多元化企业。在农业领域，路易达孚上游控制了棉花、玉米、小麦等收购；中游具有极强的加工能力；下游掌控流通和销售环节。路易达孚同时开展交通、物流、投资等业务。在风险管控上，路易达孚开展期货、期权交易业务。

大量农业企业发展历程证明，聚焦产业链的某个环节，在关键环节打造核心能力，利于构建企业护城河，提升企业在产业链中的竞争力。反之，企业片面追求全产业链布局，广泛涉足产业链各个环节，采取摊大饼的发展方式，虽然企业规模不断扩大，但是造成企业战略资源浪费，企业发展受阻。

对于规模不大、地域受限、资源缺乏的中小型农业企业，发展的机会应该是用全产业链的视角，在产业链中找到自己的位置，发挥自身优势，在关键环节"打桩"，从而构建企业的护城河。比如中小型的动物疫苗企业，可以专注某类疾病的深度研究，生产预防该类疾病的独特产品，以独门绝技构建某个品类的护城河，而非生产预防所有疫病的众多产品。

种植业的机会

种植粮食是否有机会

这里讲的种植业，是指以土地为依托，依靠自然的光合作用，在土壤、肥料、水和空气的共同作用下，生产粮食、蔬菜、水果等作物的总称。种植业的供需矛盾始终存在，为什么这么说呢？

以粮食生产为例，在自然环境下，每种粮食的生长周期是确定的，不能拔苗助长；粮食生产的外在环境条件也不能改变，生产过程受土壤、地形和气候等自然因素影响。因此，粮食生产不仅要遵循一般工业产品投入产出的经济规律，而且要受到生长周期和外在自然规律的约束。

遵循经济规律的粮食是一种商品，粮食出售之后的收入覆盖生产过程的成本，才能让粮食生产商因为有利可寻而愿意持续生产。出售粮食的收入取决于粮食单位面积产量（简称"单产"）和收购价格，粮食的产量与种子、土壤、肥料和生产管理水平相关。如果遵循经济规律，粮食交易价格应该由市场调节。但是作为国民经济的基础产业，如果政府放弃干预粮食生产，与工业产品一样遵循市场调节，可能会出现以下两种情况。

一是从供给端看，生产粮食所需的化肥、种子、农药、农

机等投入品都必须按照工业产品的市场价格购买，而粮食生产
受生长周期和自然环境影响，比较效益较低，风险较大，周期
较长，社会资本更愿意投入到比较效益更高的工业产品生产中，
这必然导致粮食供给短缺。

　　一位从事水稻生产的老板给我算了一笔账（见表 1-1），足
以说明两点：一是企业种植水稻，在没有意外风险出现的情况
下，如果需要付地租，也就刚好徘徊在盈亏平衡点上下；二是
农民自己种水稻，赚的钱和出租土地赚的钱基本是一样的。此
外，农民自己种，不光要付出额外的劳动力，还要承担种植减
收或绝收的风险。

表 1-1　每亩[⊖]水稻种植成本与收益

（单位：元）

科目	金额	备注
每亩收入	1 380	亩产 600 千克，单价 2.3 元 / 千克
每亩成本	700	种子 160 元，化肥 150 元，农药 110 元，除草 30 元，人工 40 元，种养收 180 元，水 30 元
每亩地租	667	667 元
每亩盈利	**13**	

　　种水稻如果没有规模，很难挣钱，但是规模越大，承担的
风险也就越大。当年我去东北调研，看到一些种粮户也挣钱了。
他们把土地流转之后，把田坎铲平了，依靠多出来的 10% 左右

　　⊖　1 亩 ≈ 0.067 公顷。

的面积多产出粮食挣钱。当然，如果提高轮作的频次，让同一块土地种植两季甚至三季作物，从而摊薄地租和其他成本，或许也可以挣钱。

二是从需求端看，粮食是人类生存必需品，即使富产石油的国家的国民也不能直接食用石油，要将卖石油的收益拿出一部分到国际市场上购买必需的粮食和其他农产品。任何一国政府都必须优先考虑粮食问题，也就是要不惜代价保障本国人民的粮食需求。保障粮食需求的途径只有两个：要么本国生产，要么依赖进口。进口受到国际贸易环境限制，所以力争把本国人民的饭碗端在自己的手上是各国政府的必然选择。

粮食生产经济效益较低，导致生产积极性不高，而粮食是人类生存的第一需要，要求保障供给，粮食生产的供需矛盾必然出现。为解决供需矛盾，许多国家选择对粮食生产者进行政策补贴，让种粮户获得一定的利润，愿意继续从事粮食生产。所以，鼓励粮食生产相关的政策补贴是影响种粮效益的重要因素，粮食生产者应该予以关注。

种植大单品是否有机会

为什么有的企业或个人种植水果、蔬菜能赚钱？那是因为这些产品商品化程度高，售价由市场决定。比如阳光玫瑰葡萄，虽然按照市场价格采购生产资料，生产过程同样受气候等因素影响，但是因为按市场定价，最终它可以售出较高价格，种植企业或个人在刨除成本之后依然能够获利。即便如此，水果的生长周期仍然不能改变，种植风险非常大，运输过程中产生损耗，这些都是成本，需要叠加到售价里面，所以售价要比较高，才能持续生产。一旦大量种植，供大于求，种植企业或个人不能获得再生产所需的利润，再生产还是不可持续的。

按照国家统计局公布的《农业及相关产业统计分类（2020）》，种植大类涉及谷物种植；薯类、豆类和油料种植；棉、麻、糖、烟草种植；蔬菜、食用菌及园艺作物种植；水果种植；坚果、含油果、香料和饮料作物种植；中药材种植；草种植及割草这8个种类。这8个种类下面又细分了72个小类，小类还可以继续往下细分，可见种植品类众多。同样是种蔬菜，人们可以选择种植番茄、西葫芦或者花椰菜等，番茄还有不同的品种可供选择。

如此之多的品类，种植什么有机会赚钱呢？

根据我的观察，种植大单品，并且形成一定的市场占有率，还是有机会赚钱的。比如，像以色列那样利用高科技培育高产优质的番茄，工厂化种植，亩产20多吨小番茄。通过规模化，降低种植成本，再依靠标准化塑造品牌，可能有机会赚钱。

当然，种植大单品要销售先行，即先有销售，然后反向组织上游生产。可以自己生产，也可以与生产企业合作。我有个学生，做火龙果贸易，是北京新发地市场最大的火龙果贸易商，他就可以通过订单反向组织国内外的上游火龙果生产企业，以此保障品质和供应量。

案　例

"生菜大王"马铁民

在大众的认知中，生菜叶片脆弱，保质期短，采摘、储存和运输非常不方便，生意很难做出规模。马铁民却把结球生菜这个大单品，做到生产规模、年出口量全国第一，与肯德基、麦当劳等餐饮连锁企业建立长期合作关系，产品出口到全球30多个国家和地区，早在2012年销售收入就达到4.8亿元。

在马铁民看来"只有长期以来不断提供稳定的产品，才能形成品牌。品牌的背后实际上是一个漫长的标准化的过程"。肯德基等连锁餐厅，对生菜需求量很大，对生菜的品相和质量要求也很高：七成的成熟度，400克以上的单棵重量，圆整的外观，一刀下去，碎屑少且有明显的空隙。

马铁民为实现长期提供质量稳定的产品，不断钻研并使用的生菜标准化种植技术已经覆盖了播种、施肥、打药、采收整个种植过程。比如，在基地管理上，土地深耕30厘米，种植前清除残枝烂叶，翻晒日光消毒；七成熟开始采收，采收2小时内进行预冷加工，使菜心温度降至1～4摄氏度。看似简单的生菜种植，马铁民建立了上百个标准，目前已经在河南、山东、河北、内蒙古等地建立生产基地，实现全国各地分批次种植和采收，保证全年365天不间断供应。

结球生菜是典型的大单品，下游的餐饮企业特别是大型连锁餐饮企业对生菜的需求稳定且需求量大，这些企业希望寻找到供应稳定、品质稳定的生菜供应商。马铁民选择了生菜这个赛道，并且把生菜标准化种植模式复制到全国，保证全国各地生产出来的生菜品质稳定，把一棵生菜做到了数亿产值。

养殖业的机会

养殖常规品种是否有机会

常规品种养殖是指家畜、家禽、水产中数量大的普通品类的养殖，与之对应的是养殖数量相对较少，品类独特的特色品种（如特种水产）养殖。由于常规品种养殖的种类繁多，不可能一一列举，这里以养猪行业为例，分析养殖业的机会。

养殖动物的生长周期大多超过一年，比如生猪"8415"（后备母猪从出生到配种需要 8 个月、受孕 4 个月，仔猪养殖 1 个月和育肥 5 个月）的生长周期，整个周期大概需要 18 个月。这就导致生产期和消费期的错配，出现表面上看可以预测，实际上难以把握的产业波动周期（见图 1-2）。

所有养殖企业被裹挟在上下波动的周期里。比如前几年，因为非洲猪瘟导致大量死猪，供给严重不足，只要养活就可以挣到正常情况下几倍的利润，这也刺激大量企业加快投产，导致产能过剩，一旦非洲猪瘟得到控制，生产恢复正常，供给远大于需求，出售毛猪的价格便会低于养殖成本，出现所谓的全行业亏损。

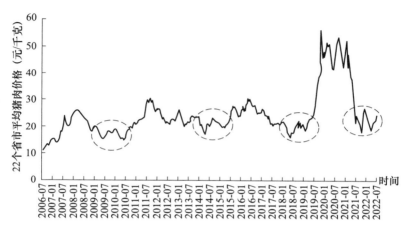

图1-2　2006年以来的四轮猪周期

资料来源：万得，泽平宏观。

有的国家对于这种长生长周期养殖品种，依靠行业协会管控养殖数量，从而避免出现依靠滞后的市场信息调节产能，造成社会资源浪费的情况。对于肉鸡这种短生长周期品种，产能恢复周期短，则完全交给市场调节。国内开设了个别期货品种，期望通过价格逆向调节市场，实践证明，受多种因素影响，这一尝试还未完全达到预期效果。

当下环境，选择养殖就意味着选择了行业周期，企业经营成效等于行业红利加上管理红利，但管理红利往往对抗不了行业红利。无论养猪、养牛、养鱼还是养殖其他品种，都要养活、养好、养出品质。有没有收益在于养活，收益多少在于养好，养出低成本。

　　养殖是一个充分竞争的行业。养殖企业通过创新养殖方式，提高养殖智能化水平，提高疫病防控能力，最根本的还是要控制养殖成本，做到成本领先，在行业景气的时候挣钱，在全行业亏损的时候少赔钱，直到下一次行业景气周期的到来。

　　所以养殖企业要两手抓：一手抓成本，通过苦练内功，不断降低养殖成本，以此对抗行业价格波动，同时为下一次行业景气周期做准备；一手抓行业周期的研究，提高对行业周期的预判能力，强化逆周期管理能力，提高出栏周期与消费周期的匹配度，从而获取行业红利。

　　（1）坚持成本领先。养猪企业的养殖成本是企业管理能力的综合反映，与之相关的因素非常多，养殖企业应在综合分析成本影响因素的基础上，发挥自身优势，实现成本领先。常规养殖品种由于产品难以差异化，大多数企业选择成本领先的竞争策略，以相对较低的成本获得竞争优势，下面以扬翔股份的案例加以说明。

案　例

扬翔股份如何控制养殖成本

　　生猪养殖行业产品同质化严重，养殖企业之间的竞争归根结底是成本竞争。广西扬翔股份有限公司（以下简称"扬翔"）

通过技术创新，狠抓管理，不断探索新的养殖模式，实现养殖成本领先，获得竞争优势。

扬翔成立于 1998 年，业务涵盖饲料、养殖、猪精、智能养猪平台等。2022 年上半年，扬翔部分自营猪场成本已实现 13 元 / 千克。而在非洲猪瘟之前，扬翔 2017 年生猪养殖成本做到了 10.54 元 / 千克。

扬翔的生猪养殖成本为何能做到如此低？

2009 年开始，扬翔便与华中农业大学深度合作，同时与 20 多位国际上的专家合作，针对养猪的各个方面进行合作研究。扬翔在业内率先提出低成本、高效率养猪。低成本养猪由 5 个要素共同决定：基因遗传、精准营养、生物安全、环境控制、生产管理。这 5 个要素所反映的基因能力、营养能力、生物安全能力、环境控制能力、猪场管理能力，代表了企业实施低成本养猪所需的能力（见图 1-3）。

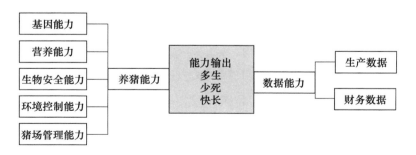

图 1-3　扬翔低成本养猪能力呈现

资料来源：广西扬翔股份有限公司官网。

在找到影响养殖成本的 5 个要素的基础上，扬翔细分每个要素包含的指标（见表 1-2），并有针对性地进行改善，持续提升低成本养猪能力。例如，第一个要素是基因遗传，猪的基因是天花板，扬翔从国外引进优良种猪，选择一流的环境建设公猪站，采用自主基因组高效育种技术，培育出 YX106 杜洛克父系猪，配种后代具有生长速度快、料肉比低、体形好、屠宰率高、抗逆性强等特点。此外，扬翔还通过成本对标，找到导致养殖成本升高的要素，从降低直接成本和提升指标降成本两方面优化养殖成本。

表 1-2　扬翔低成本养猪的 5 个要素

领域	细分指标	备注
基因遗传	育种经验	从育种开始把控源头，自养环境适应性好的母猪，掌控技术含量高的猪精生产
	优选公猪	
	猪精生产	
	猪精配送	
精准营养	精准原料检测	精准营养需求，提供自营饲料和一整套精准营养方案
	精准配方调整	
	精准饲喂管理	
	精准生产加工	
生物安全	外部生物安全	种猪、物品、猪精、空气、人员、动物、车辆
	内部生物安全	猪舍条件、健康管理、清洗消毒、免疫
环境控制	智能环境控制模式	地沟通风、环境可控、节省空间、低能耗

（续）

领域	细分指标	备注
生产管理	生猪生产过程管理	打造科学养猪体系，再从科学养猪转为数字化养猪

资料来源：广西扬翔股份有限公司官网。

2016年1月，扬翔还与华中农业大学签订合同，提出"302845"的目标——把母猪的PSY（每头母猪每年能提供的断奶仔猪头数）做到30，MSY（每头母猪每年出栏肥猪头数）做到28，成本做到9元/千克。这个消息一出，行业内的人根本不相信养猪能做到如此低的成本。据说，扬翔对此做过论证，并且对实现路径都做了规划。不管这件事能否最终实现，都可以看出扬翔利用技术从养殖的各个环节降低养殖成本的决心。

正如扬翔所认知的：养殖企业是活体制造企业，当终端产品难以形成口味和品牌差异时，企业就只能选择提升效率和降低成本，扬翔不能控制猪价，但可以控制养猪成本。

生猪养殖具有周期性，对能够穿越周期的企业，养殖成本精细化管理是基本要求。

（2）研判行业周期。前面提到生猪养殖企业受行业周期影响，为此需要研判养殖周期。如何研判呢？

全国生猪养殖总量的信息是不够透明的，这就需要从生猪消费量推测生猪需求量。在全国人口总量变化不大的前提下，全国年生猪需求量在 6 亿头上下浮动。此时，可以反过来算 PSY，比如全国 PSY 为 18 头，用全国生猪需求量除以 18，算出全国所需母猪量。农业农村部对存栏母猪数量统计得比较准确，此时再算一下存栏母猪中的后备母猪和待产母猪数量，基本就能够把握生猪供给需求走势了。

为什么这么多大型养殖企业，仍然会踩错了点呢？这个问题很值得研究。我个人认为大家对行业周期缺乏敬畏，认为到了这个点赶紧赚一把是一把，谁也不愿意在赚钱的时候刹车。前两年，一头仔猪能赚 2 000 元，"刹住车"是很难做到的，在行情好的时候大家都不太在意后面的日子好不好过。

如果仔细算一下账，要在行情不好的时候，考虑到什么时候会变好；行情好的时候，考虑到什么时候会不好，做到以丰补歉。如果只是收获行业红利，管理能力变现那一部分没有提高，养殖企业的盈利，只有被动地随行情起伏不定。

所以，对养殖企业来说，除了关注养活、养好、养出低成本外，还要眼睛向外看，研究生猪价格的变化，关注行业周期，以便收获趋势红利。

案　例

中粮家佳康为什么能逆势赚钱

2021 年生猪行业普遍亏损，正邦集团亏损 188 亿元，温氏集团亏损 134 亿元，新希望集团亏损 95.91 亿元。而中粮家佳康却逆势赚钱，净利润为30.53亿元。这到底是怎么回事？

中粮家佳康的利润主要由四部分构成，生猪养殖板块盈利26.8亿元，生猪鲜肉板块亏损0.16亿元，肉制品板块盈利0.19亿元，进口肉板块盈利3.7亿元。可见，中粮家佳康2021年大部分利润来自生猪养殖板块。

继续往下看生猪养殖板块的利润是怎么构成的呢？它的利润由两部分构成，一部分为生猪养殖盈利12.6亿元，另一部分为套期保值，即生猪期货盈利14.2亿元。也就是说，中粮家佳康不仅在生猪养殖上盈利了，还利用期货对冲了猪价下跌的损失。

中粮家佳康2021年养殖端头均利润367元，这个养殖业绩很耀眼。2021年中粮家佳康生猪养殖完全成本约16元/千克，大部分企业生猪养殖完全成本在18～20元/千克。

其养殖成本控制较好一部分原因是背靠中粮集团，通过中粮集团已提前锁定部分原料价格。另一部分原因是作为央企下属企业，经营稳健，没有压栏，在生猪该出栏时就出栏了，中粮家佳康生猪出栏均重为112.3千克/头。

中粮家佳康除了控制养殖成本外，还通过研判周期，利用套期保值工具对冲风险。在套期保值上，中粮家佳康期货团队经验丰富，对生猪期货市场的认知远远超过行业平均水平，充分利用了生猪养殖周期的价格波动。

养殖特色品种是否有机会

特色品种种类丰富，能否取得商业成功，取决于两个方面：从养殖端看，品种具有独特性且企业具备养殖技术，养殖成本可以控制；从消费端看，消费者愿意为企业养殖的特色品种买单。

案　例

"壹号土猪"背后的生意经

改革开放后，我国经济快速发展，城市化进程加快，国外引进的白猪因长得快、瘦肉率高等特点，满足了人们日益增长的吃肉需求，逐渐成为我国生猪主要养殖品种，而中国本土黑猪品种因生长周期长，养殖规模不断缩小。

"壹号土猪"创始人陈生涉足生猪行业时，并没有选择市场上养殖量最大的白猪，而是错位竞争，选择做品牌黑猪（土猪）肉。目前，壹号土猪已成为全国最大的高端连锁品牌，覆盖35个地级以上城市。

壹号土猪能获得商业成功，反映出了做特色品种养殖所需的两个要素。

从养殖端看，生猪养殖中遇到的技术难题可以借助养殖专家、科研院所等解决。同时，壹号土猪采用"公司＋基地＋农户"的养殖模式，通过精细化管理，降低生产成本，保证生产品质。据说壹号土猪年产能达100万头，这支撑了壹号土猪在全国的拓展之路。

从消费端看，黑猪（土猪）肉市场容量足够大。随着人们消费水平提高，对猪肉品质越来越关注，壹号土猪进入市场的时点（2007 年 1 月），正好是中高端猪肉市场快速发展时期。黑猪肉的市场辨识度高，在客户心智中黑猪肉代表着高端、美味，消费愿意为品牌黑猪肉付出高价。

农业工业化的机会

为了便于理解，我把农产品（本处提到的农产品是泛指）分为两类，一类是终端农产品，另一类是中间投入品。终端农产品的特点是面对终端消费者，是农业生产的终极产品，满足消费者的直接需求。比如蔬菜、水果、粮食、鱼、肉蛋奶等都属于终端农产品。中间投入品是农业生产过程中的原材料，是一种生产要素，为农业生产过程服务。比如化肥、种子、农药、饲料、兽药等都是中间投入品。

按照以上分类，农业工业化有两条路径：一是终端农产品的工业化生产，比如工厂化生产蔬菜、水果、食用菌，楼房养猪，工厂化水产养殖等；二是中间投入品的工业化生产，本质上这类企业就具备工业企业的性质，只不过生产的产品全部用于农业生产。走这两条路，要遵循工业企业的发展逻辑，所以要把上述企业当成工业企业进行管理。

研发上不断投入，不断推出新品种。比如兽药与人药相似，人药企业的研发思路、生产条件和市场操作，兽药企业都可以学习借鉴。人命关天，人药的要求更高，兽药向人药看齐，本身就是很好的对标，"人药的今天就是兽药的明天"。事实上，国际上兽药企业大多也是人药企业。

生产过程标准化。只有生产标准化，才有标准化的产品。很多企业谈到研发创新，只想到产品创新，忽视了生产过程的工艺革新。其实工艺革新的投入少，产出大，并且可以通过建立激励机制，让广大从事生产的员工参与到工艺创新中来，从而激发大众创新的热情，对于形成生动活泼的创新文化非常有帮助。日本丰田生产方式被全世界广泛学习，最根本的原因就是，丰田的生产方式激发了员工的积极性，每个生产环节上的每位员工都对最后的产品质量负责。

销售环节服务的差异化。随着产业发展，消费者越来越"挑剔"，在购买上游产品的同时，更关注企业提供的服务。无论是作为生产资料，还是作为消费资料的农产品，其本身差异不是很大，真正让客户感受到差异的，是企业服务的差异化。就拿化肥来说，各化肥厂家提供的产品日渐趋同，农户购买的不仅是肥料，而且是一套种植方案。中化化肥就根据农户的需求，制定了种植方案包，以此提供差异化的服务，获得了农户的认可。企业在销售环节最需要发力的是让渠道深入终端，服务上做到差异化，企业的竞争力来自终端网络覆盖能力。

饲料企业是典型的工业化企业，2021 年全国饲料工业总产值破万亿元。中国饲料企业最高峰时达到2万多家，经过多轮重组淘汰，饲料企业集中度不断提高。截至2021年底，中国年产百万吨以上的企业就有39家，占全国饲料总产量的59.7%，年产千万吨的企业增加至6家。为什么饲料企业能够做得这么大？因为饲料行业是典型的工业企业，标准化产品能够大规模复制。

当然，养鸡或养猪企业，工厂化种植企业，水产养殖企业，除了生产的对象具有生物性以外，其生产组织方式也是可以工业化的。楼房养猪、工业化种植、海上牧场都是农业工业化的路子。随着土地的刚性约束，人工智能的发展，工业技术在农业生产中的广泛应用，种植或养殖企业的工业化生产必将成为一种趋势。农业将成为资本密集、技术密集、用工减少的工业化产业，生产标准化的产品成为可能。按照客户需求，定制化生产的目标也一定能够实现。按照工业的生产方式改造传统农业，未来将有广阔的前景。

案　例

工业化的食用菌

中国是全球最大的食用菌生产国、消费国和出口国，食用菌产量占到全球产量的70%以上。我国食用菌品类繁多，主要以香菇、平菇、金针菇、杏鲍菇、双孢蘑菇、黑木耳、毛木耳为主，上述菌类占我国食用菌总产量的80%以上。

从食用菌生产方式来看，工厂化技术比较成熟的食用菌品种是金针菇、真姬菇、杏鲍菇、双孢蘑菇。雪榕生物是中国产能最大的工厂化食用菌生产企业，日产能达 1 345 吨，2020 年营业收入 22 亿元，利润 2.47 亿元。金针菇、真姬菇是雪榕生物主要生产的两大单品，营业收入占比 86%，雪榕生物的金针菇产能全国第一、真姬菇产能全国第二。

另外几家食用菌上市公司，在单品选择上具有同样的规律，如众兴菌业的金针菇和双孢蘑菇两个单品的营业收入占总营业收入的 99% 以上，其中双孢蘑菇产能居世界前列；华绿生物金针菇、真姬菇两个单品的营业收入占总营业收入的 94.5%。

这几家企业通过规模化、工厂化，提升产品的标准化，提升生产效率；选择生产一两个大单品，降低原料采购成本，不断提升生产技术，降低生产成本，从而形成竞争优势。

品牌农业的机会

2021 年中国农产品加工转化率为 70.6%，与发达国家存在较大差距。我国果品加工转化率为 10%，全球平均水平为 30%；我国肉类加工转化率为 17%，发达国家为 60%。据统计，农产品加工转化率每提升 1 个百分点，对应数百亿元的市场容量。可以预见，中国未来将成为农产品加工大国，必将涌现一大批农产品加工和食品企业。

农产品加工的终端产品面对的是广大消费者，为提高产品的辨识度，塑造农产品品牌是企业的必然选择。比如鲁花是食用油加工领域的知名品牌，十月稻香是稻米加工领域的知名品牌，双汇是肉制品加工领域的知名品牌。茅台本质上是一家贵州高粱的加工发酵企业，因为其多年的品牌经营，茅台被赋予了高端的品牌内涵。初级农产品通过加工企业被赋予品牌价值，产品价值得到极大提升。

农产品品类众多，尤其需要在细分领域建立领导品牌。在做农产品品牌时，需要把握农产品以下四个特点：

- 个性化的需求。农产品需求是个性化的、差异化的。
- 体验式的消费。消费者购买的时候，眼见为实，体验为真。
- 品牌化的认知。通过品牌建立产品的信任。品牌下面有三样东西：第一是品质，就是产品质量要好；第二是品性，就是产品在客户的心智中有明确定位；第三是品位，就是产品承载的文化内涵，要有故事、有历史。
- 忠诚式的复购。消费者一旦接受，就不断购买和消费。

全国每个地方都有地标农产品，为什么做出品牌的少？那是因为地标农产品没有在品质、品性和品味上构建统一的标准，没有设置严格的准入制度；当地的地标品牌一旦成名，同类产品竞相仿冒，消费者难以鉴别，以次充好的产品迅速消费品牌价值，直到彻底砸烂一个知名品牌。所以没有标准就没有地标品牌，没有企业维护标准也没有地标品牌。这可以借鉴一些发达国家的做法，成立自治组织，行业企业统一制定地标农产品的标准，共同维护和遵守自己制定的标准。

当然，农产品品牌的基础还是品质，没有过硬的品质做基础，无论品牌宣传做得多好，都是空中楼阁，早晚有坍塌的一天。比如预制菜的关键在于质量，即品质。从前端采购菜品，进行加工后卖出去，加工环节是工厂化生产，比较好控制。但前端采购的菜品质量是不是有保障，后端是能否在保质期内卖出去，这就需要依靠供应链管理能力。

所以，要在加工环节做大，必须往前端走，守好质量关。比如，如果牧原股份与双汇合作，做品牌猪肉难度可能更小，因为牧原股份的猪全是自繁自养一体化生产的，前端品质有牧原股份保障，后端市场有双汇打通，供应链是完善的，双方合作可以优势互补。

案 例

百果园的发展

水果是一种常见的农产品，具备上文提到的农产品的特点：消费者需求多样化（个性化的需求），最终得通过"嘴"检验是否好吃（体验式的消费），消费者会形成品牌化的认知（如新西兰佳沛奇异果），消费者接受某个产品后会产生持续购买行为（忠诚式的复购）。百果园是水果连锁领域的头部品牌，深耕行业20余年，目前线下门店已经突破5 300家。在一个极其分散的水果零售行业市场，百果园做出了品牌，其发展模式值得研究。

百果园以加盟为主，99.7%的门店为加盟门店，直营门店不超过 20 家。门店装修的成本由加盟商承担，百果园对门店进行管理，避免了自己在门店上的重资产投入。百果园为提升客户体验，推出线下购买、"及时达"或"次日达"三种配送模式，及时达与美团、口碑、饿了么等第三方食品外卖平台合作，次日达则采用线上预售模式，即消费者第一天线上下单后，第二天在门店提货。

生鲜具有低毛利、高损耗、非标产品的特点，百果园为此主打高附加值的特色水果并建立水果分级体系。百果园按照新鲜度、糖酸度等指标，把水果分成四个等级：招牌级、A 级、B 级以及 C 级。其中招牌级和 A 级水果贡献了 70% 的营业收入，而这两个类别的水果零售价是高于普通水果的。比如，招牌级水果红芭蕾草莓，2021 年销售额 2.31 亿元，零售价高出 B 级草莓一倍。2021 年底，百果园已经拥有 27 个独家经销的招牌级及 A 级类别的产品，价格较高的水果销售额占总营业收入的 8% 左右。

随着店铺扩张，采购量增加，百果园加大向生产端延伸的力度。通过基地直采、用农业技术赋能供应商、投资优质果品供应商等方式，不断提升对生产端的控制力。首先，百果园拥有 187 人的专业采购团队，2021 年从种植基地和产地采购商直采比例超过 80%。其次，百果园向全国 68 家供应商提供农业技术相关服务，其中 60 家为招牌级、A 级水果供应商，这部分供应商采购占比约 30%。最后，百果园也通过对专注果品的供应商直接投资，加强生产端控制能力。百果园向生产端延伸是必然选择，当消费量达到一定规模后，保证果品品质和稳定供应以及降低成本，就要求企业往前端走。

百果园一手抓加盟商管理，一手抓果品品质，以此提升消费者对品牌的认知，促进品牌发展。

服务农业的机会

随着农业生产规模化水平不断提高，市场对农业产业链各个环节的专业化水平提出了更高的要求。我国规模较小、数量众多的农业经营主体，还将在相当长一段时间内存在，因此为这些经营主体提供专业化服务是行业发展的必然趋势，下面我们以农产品的服务营销为例来说明这个问题。

农产品营销，一类是终端农产品营销，一类是中间投入品营销。无论是终端农产品还是中间投入品，最根本的是建立营销网络，营销网络是核心竞争力。营销网络可能是一个县、一个市或者一个省的网络。很多企业追求建立全国性的营销网络，但中国地域差异较大，把一个区域做深做透，才是对企业来说更好的选择。

中国是一个地域差异很大的"折叠"市场，区域之间常常有无形的门槛，因此建立一个垂直细分的市场，是农产品营销的关键。对大量中小型农业企业来说，要建立一个覆盖全国的营销网络维护成本很高，于是它们大都选择和地域性的经销商合作。由于本地的经销商不仅熟悉当地情况，而且对客户的服务需求快速反应，有些甚至垫付资金，这正好弥补生产厂家在终端网络和服务的不足，所以各种类型的农产品经销商在我国基层农村广泛存在，这些经销商就是服务农业领域的典型代表。

　　未来服务农业还有非常广阔的前景，在榕石访学四川铁骑力士集团的时候，我们与时任饲料事业部总经理崔喜忠先生，就饲料经销商的未来发展进行过深入交流，以下案例就整理自此。

案　例

饲料经销商的出路在哪里

　　饲料经销商在中国养殖业大发展时期，取得了长足进步。但随着生猪养殖市场集中度上升，饲料企业市场集中度也迅速上升，每年都有大量饲料企业退出市场，饲料经销商的出路在哪里？

　　由于家庭农场长时间存在，同时受资金、运输、服务及时性、客情关系等多种因素影响，家庭农场大部分（估计70%）的种苗（商品苗）、饲料、动保服务等业务，依然要靠和经销商的合作，不可能实现饲料企业100%的直供。

　　未来相当长的一段时间内，家庭农场依然是养殖的主力军。未来5～10年甚至更长的时间，不可能仅靠3～5家养猪公司，

出栏的生猪产量就能占全国生猪市场的 80% ~ 90%；也不可能
3 ~ 5 家养蛋鸡公司就能产出全国鸡蛋市场 80% ~ 90% 的鸡蛋，
这是农牧经济发展规律决定的，再加上解决农村就业，实现农
民增收、乡村振兴这些国家战略的政治需要。

因此饲料经销商不但不会消失，而且还有广阔的未来。但
是家庭农场养殖规模的提高，会驱动经销商行业发生以下显著
的变化：

- 经销商数量会减少，单个经销商的销量会大幅度增加，
  议价能力也越来越强。

- 经销商的服务能力，是其生存的必要条件。家庭养殖规
  模上升，养殖户越来越需要能够一站式解决养殖中所有
  问题的经销商。

- 经销商将成为饲料企业"营销力量的延伸"，一个优秀经
  销商，能抵十个普通营销员。未来，饲料企业做"大客
  户"的能力约等于企业的营销能力。

- 经销商从业人员将向年轻化、知识化、专业化、公司化
  的"四化"方向发展。

三产融合的机会

农业除了生产功能外，文化功能、生态功能等逐渐被发掘，
三产融合孕育着新的机会。

日本提出了第六产业的概念。进入 21 世纪后，日本农户的

收入大幅度减少。2008 年农户收入的绝对值（294 万日元）不到
20 世纪 90 年代最高时（1995 年 689 万日元）的一半[⊖]。造成日
本农户收入下降的最重要原因是食品加工、流通及餐饮等环节
的收益没有能够留在农业生产者手中。日本农业经济学专家今
村奈良臣 1994 年首次提出农业"六次产业"的概念，他认为要
提高农民的收入必须整合农业关联的第二产业（农产品加工和食
品制造）和第三产业（农产品流通、销售和观光旅游等），延长
农业产业链，实现收益倍增，即"第六产业 = 第一产业 × 第二
产业 × 第三产业"。

　　在农业中融入了各种现代产业要素，农业加工业，农业加
商业，农业加旅游，农业加信息，农业加康养，农业加中医，
农业加体育，农业加军事……加出来之后就会出现各种新业态，
比如加工业设施资源、中央厨房、农商直供、直供直销、会员
制、个人定制、休闲农业、观光农业、旅游农业、餐桌农业、
超市农业、康养农业、中医农业、中药农业、功能农业，还可
以融入像"稻田字画"一样的创意农业。

　　三产融合发展，要求农业的多种要素相互融合，改变过去
单纯依靠一种产业独立发展的局面，使得农业在融合中发展，
在发展中融合。比如乡村旅游就是在融合多种要素之后发展起
来的，农业农村部有关领导把乡村旅游总结为："风餐路宿，人

　　⊖　程郁. 日本发展 " 六次产业 " 的主要做法与启示［J］. 山东经济战略研
　　　　究，2015（11）：4.

情世故。"

"风餐路宿":"风"是要有个好的风景,"餐"是要有顿好饭,这一顿饭是"土里土气土特产,原汁原味原生态,好山好水好风光,老锅老灶老味道"的饭,这叫风餐。"路"不是露水的露,是走路的路,走路要走大路,有阳光的路。不是人在车上蹦,车在路上蹦,而是人直接走在平坦的乡村路上。"宿"是要有一个好的民宿,无论是集装箱的屋还是陕北窑洞的屋;无论是北方的小木屋还是皖南的大民居,都各具特色,体现地方文化,反映乡土民情。这叫"风餐路宿"。

"人情世故":"人"是要以人为中心,表示农业发展的根本目的是人民;"情"是要有人情味,在广大农村,要唤得起回忆,记得住乡愁;"世"是要有农事体验,城市上班族,乡下当农夫,获得好的体验;"故"是要有故事和传说,农村记载着历史故事,承载着传统文化,就是要让乡村旅游成为文化的载体和历史的传播途径。

乡村旅游在"风餐路宿,人情世故"相互促进之中融合发展。

案　例

种桃与看桃花

成都市龙泉驿区是我国三大著名水蜜桃基地之一,被誉为"中国水蜜桃之乡"。除了发展水蜜桃种植外,龙泉驿区依托当地特色资源，推动一二三产融合。

龙泉驿区以水蜜桃基地、客家文化、龙泉山、洛带古镇等地域特色为核心，大力发展观光农业旅游，每年举办国际桃花节，目前已经举办三十六届，"桃花生活方式"已然成为成都休闲文化的亮丽名片。每年漫山遍野桃花盛开，吸引了大量游客前来参观，由此带动了乡村旅游、餐饮、文创产品、民宿、康养服务产业的发展。截至2019年底，龙泉驿区有农业经营单位171个，规模农业经营户（含家庭农场）356户，在工商部门注册以农业生产经营或服务为主的农民合作社45个、龙头企业10家。

龙泉驿区打造了蔚然花海、桃花故里、洛带古镇、好秾人有机农庄等6个旅游景区，留住游客在本地游玩消费，为农户创造多种增收方式，2019年农村居民年人均可支配收入为30 405元，同比增长9.6%，农村居民人均可支配收入绝对值居全省第一。

据统计，龙泉驿区桃花的观光收入已超过卖水蜜桃的收入。

以上我们从宏观层面审视传统农业的全产业链，从微观层面把握产业链关键环节，列举了传统农业的种植、养殖、加工、流通和三产融合等各个环节的产业发展机会。以便让分布在农业产业链各个环节的企业，从自身发展环境出发，寻找自身定位，发挥自身优势，通过在农业产业链的关键环节"打桩"，抓住属于自己的发展机会。

开发农业土地的机会

在农业领域近 30 年的摸爬滚打，让我对土地有一种特别的感情。每次回乡探亲，走在故乡弯弯曲曲的田坎上，眼前浮现儿时欢快的场景，故乡的土地就像母亲的怀抱，不仅给我内心的恬静，而且带来温暖和感动。这一刻，我意识到土地不仅是生命终极的载体，而且包含了情感的寄托。农业产业的功能不仅表现为供给食物，还可以提供情感的栖息地，叶落归根是游子的共同情怀。可以说，土地是农业的母亲，阳光雨露是农业的父亲，两者依靠光合作用"联姻"，生出粮食这个儿子。没有土地就没有食物，离开土地谈农业就是无源之水，无本之木。

许多土地研究方面的专家进行了深入研究，得出的很多研究成果值得大家学习借鉴。我只是作为一个农业工作者，从农业用地的角度谈土地问题，帮助大家发现农业土地资源开发的机会。

土地是农业的根基

英国的政治经济学家威廉·配第说，"土地是财富之母"。这揭示了农业时代财富的起源。事实上，中国社会的发展史在一定程度上就是一部土地产权不断变化的历史。在农业时代，土地是财富的主要来源，分配土地就是分配财富。每一次农民运动，都导致土地产权的重新分配。另外，土地资源变为财富，还需要与人力资本结合，通过人的力量开发土地资源，土地的财富价值才能呈现出来。正如威廉·配第所说，"劳动是财富之父"。

对国家来说，要谈土地问题，首先要弄清楚中国约 960 万平方公里陆地面积的国土结构，也就是中国的国土家底。根据《第三次全国国土调查主要数据公报》[⊖]，全国主要地类数据如下：

耕地 12 786.19 万公顷（191 792.79 万亩）。其中，水田 3 139.20 万公顷（47 087.97 万亩），占 24.55%；水浇地 3 211.48 万公顷（48 172.21 万亩），占 25.12%；旱地 6 435.51 万公顷（96 532.61 万亩），占 50.33%。64% 的耕地分布在秦岭—淮河以北。黑龙江、内蒙古、河南、吉林、新疆等 5 个省份耕地面积较大，占全国耕地的 40%。

园地 2 017.16 万公顷（30 257.33 万亩）。其中，果园 1 303.13 万公顷（19 546.88 万亩），占 64.60%；茶园 168.47 万公顷（2 527.05 万亩），占 8.35%；橡胶园 151.43 万公顷（2 271.48 万亩），占 7.51%；其他园地 394.13 万公顷（5 911.93 万亩），占 19.54%。园地主要分布在秦岭—淮河以南地区，占全

⊖　http://www.gov.cn/xinwen/2021-08/26/content_5633490.htm.

国园地的 66%。

林地 28 412.59 万公顷（426 188.82 万亩）。其中，乔木林地 19 735.16 万公顷（296 027.43 万亩），占 69.46%；竹林地 701.97 万公顷（10 529.53 万亩），占 2.47%；灌木林地 5 862.61 万公顷（87 939.19 万亩），占 20.63%；其他林地 2 112.84 万公顷（31 692.67 万亩），占 7.44%。87% 的林地分布在年降水量 400 毫米（含 400 毫米）以上地区。四川、云南、内蒙古、黑龙江等 4 个省份林地面积较大，占全国林地的 34%。

草地 26 453.01 万公顷（396 795.21 万亩）。其中，天然牧草地 21 317.21 万公顷（319 758.21 万亩），占 80.59%；人工牧草地 58.06 万公顷（870.97 万亩），占 0.22%；其他草地 5 077.74 万公顷（76 166.03 万亩），占 19.19%。草地主要分布在西藏、内蒙古、新疆、青海、甘肃、四川等 6 个省份，占全国草地的 94%。

湿地 2 346.93 万公顷（35 203.99 万亩）。湿地是"三调"新增的一级地类，包括 7 个二级地类。其中，红树林地 2.71 万公顷（40.60 万亩），占 0.12%；森林沼泽 220.78 万公顷（3 311.75 万亩），占 9.41%；灌丛沼泽 75.51 万公顷（1 132.62 万亩），占 3.22%；沼泽草地 1 114.41 万公顷（16 716.22 万亩），占 47.48%；沿海滩涂 151.23 万公顷（2 268.50 万亩），占 6.44%；内陆滩涂 588.61 万公顷（8 829.16 万亩），占 25.08%；沼泽地 193.68 万公顷（2 905.15 万亩），占 8.25%。湿地主要分布在青海、西藏、内蒙古、黑龙江、新疆、四川、甘肃等 7 个省份，占全国湿地的 88%。

城镇村及工矿用地 3 530.64 万公顷（52 959.53 万亩）。其中，城市用地 522.19 万公顷（7 832.78 万亩），占 14.79%；建制镇用地 512.93 万公顷（7 693.96 万亩），占 14.53%；村庄用地 2 193.56 万公顷（32 903.45 万亩），占 62.13%；采矿用地 244.24 万公顷（3 663.66 万亩），占 6.92%；风景名胜及特殊用地 57.71 万公顷（865.68 万亩），占 1.63%。

交通运输用地 955.31 万公顷（14 329.61 万亩）。其中，铁路用地 56.68 万公顷（850.16 万亩），占 5.93%；轨道交通用地 1.77 万公顷（26.52 万亩），占 0.18%；公路用地 402.96 万公顷（6 044.47 万亩），占 42.18%；农村道路 476.50 万公顷（7 147.56 万亩），占 49.88%；机场用地 9.63 万公顷（144.41 万亩），占 1.01%；港口码头用地 7.04 万公顷（105.64 万亩），占 0.74%；管道运输用地 0.72 万公顷（10.85 万亩），占 0.08%。

水域及水利设施用地 3 628.79 万公顷（54 431.78 万亩）。其中，河流水面 880.78 万公顷（13 211.75 万亩），占 24.27%；湖泊水面 846.48 万公顷（12 697.16 万亩），占 23.33%；水库水面 336.84 万公顷（5 052.55 万亩），占 9.28%；坑塘水面 641.86 万公顷（9 627.86 万亩），占 17.69%；沟渠 351.75 万公顷（5 276.27 万亩），占 9.69%；水工建筑用地 80.21 万公顷（1 203.19 万亩），占 2.21%；冰川及常年积雪 490.87 万公顷（7 362.99 万亩），占 13.53%。西藏、新疆、青海、江苏等 4 个

省份水域面积较大，占全国水域的 45%。

再看一下各项国土占比，根据《第三次全国国土调查主要数据公报》可以计算出各项国土占比（见图 1-4）。

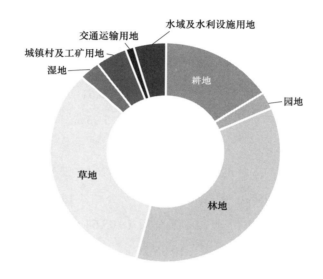

图 1-4   中国国土构成

土地是农业的根基，农林牧渔各个产业都高度依赖土地资源。随着国家经济的发展，工业、交通、城镇建设、风光电等新能源发展都需要使用土地，在全国国土总量不变的前提下，农业用地日益稀缺。由于农业生产的特殊性，农业企业的成长比其他任何行业都更依赖土地资源，所以成长型农业企业更需要未雨绸缪，充分认识土地资源的独特属性，有前瞻性地布局土地储备，预留土地发展空间。

固定性。土地的固定性是指土地不可搬迁。在一个特定位置上的土地，就意味着特定的自然条件，特定的社会环境条件。比如黑龙江五常市的水稻田，不能迁移到吉林，因为水稻会受当地气候条件的约束与耕作方式的影响。自然条件和社会环境条件是农业产业发展需要重点关注的两个维度，许多农业企业因忽视了这两个条件而付出巨大代价。

间接性。土地的价值不能直接表现出来，而是通过土地的使用方式间接表现的。比如市中心的土地，如果闲置就价值不大，但盖上房子卖出去，这块土地的价值就通过房子的价值反映出来了。在同一块土地上，种植粮食或经济作物，土地的价值也不一样。北京郊区有一家种植樱桃的企业，亩产 3 000 千克，平均每千克 100 元，每亩收入 30 万元以上。同样一块地，如果种植大白菜，价值完全不同。所以土地的价值取决于人们怎么利用它，而不是土地本身。

稀缺性。土地不可再生，一块土地盖上房子后，就不能再用来建工厂。随着可使用的土地资源越来越少，土地的价值变得越来越高。目前对各项土地使用指标都有严格规定，这也体现了土地的稀缺性。随着时间和经济周期变化，土地价格会不断变化。当然不同地域和不同类型的土地，因为稀缺程度不同，价值的增幅也完全不同。如果中国未来农村得到大发展，农村的土地是否有更大幅度的增值？是否如上一轮城市土地增值一样获得价值发现？这或许取决于国内和国际环境的变化，如果中国的食物进口遇到阻力，需要在短期内急速提升农产品自给率，农业生产用地的价值会因进一步稀缺获得更高的价值发现。

中国的改革开放，一方面通过土地包产到户，提高了农村土地的使用效率；另一方面因为人口向城市集聚，提升了城市土地的价值，政府通过土地转让获得城市发展的资金。因为土地的集体所有，交通、工业用地是与集体进行交易的，避免了土地私有制国家征用土地时出现的弊端。在一定程度上，土地集体所有为中国现代化进程做出了巨大贡献。近十年的脱贫攻坚，今天的乡村振兴，都是因为国家财富积累到一定程度之后，城市反哺农村，工业反哺农业才成为可能，农业成为未来发展的朝阳产业。

今天城镇化推进速度放缓，从侧面反映了城乡差距在缩小。"十三五"期间，中国建成世界上规模最大的社会保障体系，全国基本医疗保险参保人数达 13.6 亿，全国基本养老保险参保人数 10.3 亿。农村的医疗、养老条件在不断改善，开发农村土地资源，激活农村广阔的生产和消费空间，释放 5 亿人的生产和消费潜力，伴随农业产业的兴旺和农业企业家的崛起，将是中国经济的另一个蓝海。

农村的"三块地"改革

在中国，城市市区的土地属于国家所有，农村和城市郊区的土地，除由法律规定属于国家所有的以外，属于集体所有；宅基地和自留地、自留山，属于集体所有。目前我国已经建立起了一套以《中华人民共和国宪法》《中华人民共和国民法典》《中华人民共和国土地管理法》《中华人民共和国森林法》《中华人民共和国草原法》《中华人民共和国环境保护法》等法律为核心的土地法律体系。

"三块地"改革是深化农村改革的重要内容。农村"三块地"改革是指农村土地征收、集体经营性建设用地入市、宅基地制度改革，2015年3月我国正式启动农村"三块地"改革试点。

农村"三块地"改革的意义在于，激活农村生产要素，释放农村经济活力。这项改革牵涉面广，影响深远，我国稳妥推进，积累了改革成效，2019年新修正的《中华人民共和国土地管理法》吸收了农村"三块地"改革的成熟做法。在此对"三块地"做一个简短介绍。

农村土地。农村土地是用于农业生产的土地，主要是农村承包地。这部分土地实行"三权分置"管理，即把土地所有权、承包权、经营权"三权"分离，这是中国了不起的创新。不仅有利于推动土地适度规模化经营，而且有利于在土地集体所有的前提下，确保农民的承包权和经营权，进而保障农民对承包土地的收益权。

历朝历代每当允许农村土地自由转让时，就埋下了一颗"定时炸弹"，当农户由于各种原因把土地卖掉后，他未来就回不去农村了，进而引发社会动荡。通过"三权分置"，土地所有权被村集体"锁定"，这就从根本上保障农民不管是否居住在农村，只要获得了承包的土地权益，就不会失去土地。这样就使中国农村像蓄水池，农民外出打工，失业了还可以回农村，年纪大了也可以回到农村养老。

中国家庭承包耕地流转面积已经超过 5.55 亿亩，这不妨碍承包地的农民在需要的时候回到农村。农村土地流转，不仅可以把分散的土地集中起来，通过机械化的生产，提高农业生产效率，而且诞生了大量农业服务组织，弥补了农村从业人口老龄化、年轻人不愿种地而产生的劳动力不足。

集体经营性建设用地。集体经营性建设用地归农村集体所有，目前政策引导激活这部分土地，推动集体经营性建设用地入市。据测算，全国农村集体经营性建设用地有 4 200 多万亩，这块地对于发展农村集体经济、增加农民财产性收入意义重大。

宅基地。宅基地由村集体分给本村村民，村民可以用来修建住宅。农民无须交纳任何土地费用即可获得宅基地，宅基地一般不能继承，但宅基地上的建筑，属于村民个人财产，可以依法继承。

开发农业土地资源

从农业的角度看土地资源，土地是农业产业的基础，没有土地，农业就是空中楼阁。在中国这样一个人多地少的国家，农业土地资源相对稀缺。据报告，中国食物的自给率不到 70%，中国进口的食物折合成土地在 15 亿亩左右。与此同时，农村土地存在大量撂荒现象。在全国土地总面积不变这个刚性条件约束下，如何提高农业土地的利用率，是一个重大的课题。农林牧渔生产活动离不开土地，从事农业生产必须关注农业土地政策。

种植用地

种植业高度依赖土地，但是我国耕地的数量和质量问题不容小觑。据统计，1957 ～ 1996 年，我国耕地年均净减少超过 600 万亩；1996 ～ 2008 年，年均净减少超过 1 000 万亩；2009 ～ 2019 年，年均净减少超过 1 100 万亩。人均耕地面积也不断缩小，第一次到第三次全国土地调查，人均耕地分别为 1.59 亩、1.52 亩、1.36 亩。我国现有耕地 19.18 亿亩，如果以这样的速度减少，10 年后可能会突破 18 亿亩红线。

为此，我国实施了最严格的耕地保护政策，"严守 18 亿亩耕地红线"，确保中国粮食安全，中国人的饭碗要端在自己手里。

种植业是农林牧渔里对土壤品质要求最高的，土壤肥力、重金属含量、是否向阳等，都影响着土地的价值。中国耕地质量面临的挑战不容小视，2019 年耕地质量等级为 4.76 等，有 4.44 亿亩耕地基础质量较差，并且在短时间内难以改善。

耕地的稀缺性导致耕地的价值正在不断被发现，在种植业中，土地的价值以地租的方式体现出来，整体趋势是土地租金越来越高。安徽一位种粮大户，10年前每亩土地租金350元，如今每亩已经涨到850元。在经济发达的省份和大城市周边，土地租金的涨幅更大。

粮食是刚需，耕地面积只有那么多，这也从侧面说明了要像保护大熊猫一样保护土地，不断改良土壤。我国正在不断推进高标准农田建设，提高水土资源利用效率、土地抗灾能力和粮食生产能力。

林业用地

林地是指植被主要为树木的土地，包括乔木林地、竹林地、疏林地、苗圃地、灌木林地等，我国现有林地42.6亿亩。我国已全面停止天然林商业性采伐，新《中华人民共和国森林法》等文件进一步加大了森林资源保护力度。我国也不断提高公益林补偿标准，并实施天然商品林停伐长效补偿机制，我国木材对外依存度约50%，供需矛盾较深。

中国的人工造林约占全球的50%，中国三北防护林是世界上最大的生态工程，涉及13个省（自治区、直辖市）的551个县（旗、市、区），占中国陆地总面积的42.4%。三北防护林工程从1978年启动以来，三北工程区森林覆盖率从5.05%提升到13.57%（2018年数据）。国家林业和草原局某副局长说到此事时，激动万分，"在国家经济非常困难的1978年，国家启动了这个项目是多么不容易，植树造林成为重大政策贯彻了下来，使中国森林覆盖率从 2009 年时的 18.21% 增长到 2020 年底的 23.04%"。

今天，"绿水青山就是金山银山"深入人心，中国的绿地变得越来越多，这是一件非常可喜的事情。

畜牧用地

畜牧用地的申请变得越来越难。非洲猪瘟后，畜牧用地审批有过短暂的放松，但整体上趋严。《中华人民共和国畜牧法》《畜禽规模养殖污染防治条例》等法律及政策，严格规范管理畜禽养殖禁养区，加强畜禽养殖污染防治，促进生态环境保护与畜牧业协调发展（见表 1-3）。

表 1-3　非洲猪瘟后畜牧用地政策

文件名称	颁布时间	用地政策
《自然资源部 农业农村部关于设施农业用地管理有关问题的通知》	2019 年 12 月	设施农业属于农业内部结构调整，可以使用一般耕地，不需落实占补平衡。养殖设施原则上不得使用永久基本农田，涉及少量永久基本农田确实难以避让的，允许使用但必须补划
《国家林业和草原局办公室关于生猪养殖使用林地有关问题的通知》	2019 年 12 月	生猪养殖使用林地保护利用规划中宜林地的，可以由养殖企业（户）与农村集体经济组织、林地承包方或经营单位签订租赁合同，报县级林业和草原主管部门备案，这部分宜林地按不改变林地用途使用，不占用林地定额 生猪养殖确需使用除宜林地以外的其他林地，改变林地用途的，地方各级林业和草原主管部门要在依法依规的基础上，按照"放管服"改革要求，进一步简化使用林地审核手续，切实保障林地定额

（续）

文件名称	颁布时间	用地政策
《国务院办公厅关于促进畜牧业高质量发展的意见》	2020年9月	保障畜牧业发展用地。按照畜牧业发展规划目标，结合地方国土空间规划编制，统筹支持解决畜禽养殖用地需求。养殖生产及其直接关联的畜禽粪污处理、检验检疫、清洗消毒、病死畜禽无害化处理等农业设施用地，可以使用一般耕地，不需占补平衡。畜禽养殖设施原则上不得使用永久基本农田，涉及少量永久基本农田确实难以避让的，允许使用但须补划。加大林地对畜牧业发展的支持，依法依规办理使用林地手续。鼓励节约使用畜禽养殖用地，提高土地利用效率 简化畜禽养殖用地取得程序以及环境影响评价、动物防疫条件审查、种畜禽进出口等审批程序，缩短审批时间，推进"一窗受理"，强化事中事后监管

资料来源：根据公开资料整理。

　　服务畜牧养殖业的饲料、疫苗、兽药工厂用地，属于工业用地。这块用地也变得越来越稀缺，特别是在环境保护政策趋严的情况下，越来越难申请。

　　畜禽养殖废弃物是土壤污染、地下水污染的重要来源，农业农村部办公厅、生态环境部办公厅已联合印发《关于进一步明确畜禽粪污还田利用要求强化养殖污染监管的通知》，并采取一系列措施，鼓励采取粪肥还田、制取沼气、生产有机肥等方式进行资源化利用。

　　在畜禽粪污利用上，欧洲规定了每个单位面积内动物的养殖数量，如荷兰规定粪污施用量约为每公顷 2 头奶牛、每公顷 20 头育肥猪，保证土地的承载力，减轻土地压力。在日本，一个养殖场的猪超过 50 头、牛超过 20 头、马超过 50 匹时，就必须获得经营许可方可经营。在中国，畜牧养殖的规模非常大，如何与环境和谐相处，实现可持续发展，值得从业者思考。

渔业用地

和畜牧用地相似，渔业用地一块是渔业养殖用地，包括海水养殖和淡水养殖；另一块是服务渔业的饲料、疫苗等工业用地。2021 年，全国水产养殖面积 700.94 万公顷，同比下降 0.38%。其中，海水养殖面积 202.55 万公顷，同比增长 1.50%；淡水养殖面积 498.39 万公顷，同比下降 1.12%[⊖]。

在人们生活水平提高，对水产的需求不断增长，以及近海渔业资源日渐枯竭、海洋生态环境遭到破坏的背景下，海洋牧场成为突破口之一。我国 2012 ～ 2021 年人工养殖海水产品产量呈增长趋势（见图 1-5）。海洋牧场是利用海域资源，通过建设人工鱼礁，投放鱼、虾、贝、藻类等种苗，利用海洋中的天然饵料，发展渔业的生产方式。

中国从北至南建设了大连獐子岛海洋牧场、秦皇岛海洋牧场、汕头海洋牧场等大型海洋牧场。中国海洋牧场在短时间内

⊖ 中华人民共和国农业农村部 . 2021 年全国渔业经济统计公报［R/OL］（2022-07-21）. http://www.moa.gov.cn/xw/bmdt/202207/t20220721_6405222.htm.

走过了其他国家几十年的发展道路，目前国家级海洋牧场示范区已达 153 个。海洋牧场对海洋生态环境的促进，带动了传统渔业向休闲渔业、体验渔业的转变。

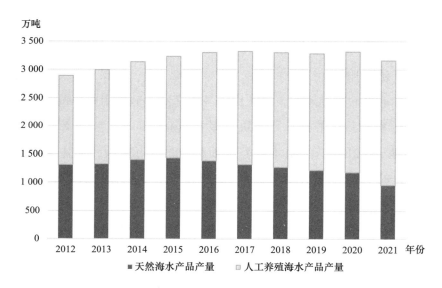

图 1-5　2012 ～ 2021 年人工养殖海水产品产量呈增长趋势

资料来源：国家统计局。

此外，中国研发适宜深远海域养殖的大型养殖工船，2022 年 5 月 20 日，全球首艘 10 万吨级智慧渔业大型养殖工船"国信 1 号"正式交船，该船可躲避台风、赤潮等自然灾害，也被称为"移动的海洋牧场"，这将进一步拓展中国渔业产业的发展空间。

农业工业用地

农业工业主要指那些具有工业属性的产业，生产的产品是为农业服务的，比如生产饲料、疫苗、兽药、化肥、农药、农机、薄膜等的企业用地。这部分用地按照建设用地进行审批。

规避农地开发的误区

农业离不开土地，18亿亩耕地红线划定之后，农业企业如何获得土地，如何用好土地，是企业发展的重要策略问题。在土地指标日益稀缺的前提下，供应给农业企业的土地日趋紧张。所以，农业企业在土地使用中，应高度关注相关政策，避免在用地过程中踩到政策红线。以下是我观察到的常见用地误区。

农业用地工业化。农业用地和工业用地在审批程序上存在差异，部分企业打着农业用地的名义，在获取土地后却改变土地的用途，实际用于工业生产。

某畜牧集团曾是中国知名的肉类屠宰加工企业。该集团以在农业大县建设生猪屠宰中心和食品产品园的名义，在各地近乎无偿地获得了大量土地。在2012年时，它被爆出在辽宁近乎无偿地拿地5 000亩。比如，该集团与县政府签订的协议中，一项占地194亩，综合地价4 850万元的土地，根据协议"县政府在收到该集团土地款后的10个工作日内，以财政补贴方式奖励给该集团"。也就是说，该集团虽然交了土地使用权转让金，但政府以补贴的方式将其返还给了企业。该集团相当于变相无偿获取了土地。该集团的项目一类是与食品相关的生猪屠宰、肉类加工项目，另一类是配套的商业地产项目。但是该集团在项目建成后不开工，既占用了用于地方产业发展和带动就业的土地指标，每年还从地方财政中拿到生猪屠宰补贴，造成土地资源浪费，最终对企业发展也不利。

设施农用地超过标准。国家对农业配套用地的监管日趋严格，不符合用地标准的将面临被拆除的风险，特别是占用永久基本农田的风险更大。《乡村振兴战略规划（2018～2022年）》要求，"对于农业生产过程中所需各类生产设施和附属设施用地，以及由于农业规模经营必须兴建的配套设施，在不占用永久基本农田的前提下，纳入设施农用地管理"。为规范设施农用地使用，农业农村部相关司局正着手编写设施栽培用地标准、设施畜牧用地标准、设施渔业用地标准、农村产业融合用地标准。各地也有相应的设施用地管理政策。

企业不可存有侥幸心理，未经审批违规建设农业配套设施，而应在建设前应咨询相关主管部门，取得用地许可后方可建设。若因土地不合规，导致地上建筑拆除，则必将给企业带来巨大损失。

土地区位与土地产出错配。国家农业科技园区集聚科技、人才、资本等要素，起到农业科技成果培育和转化的作用，是农业高新技术产业发展的阵地。但是在国家农业科技园区实际运营中，有的园区把高价值的土地用于低价值的农业生产，这就降低了土地的使用价值。农业企业为了满足园区的投资和产出强度要求，加大投资规模，造成了投资浪费，拉长了投资回报期限。

购买或租赁的土地错配。很多企业在发展壮大后，会面临购买土地建设生产设施或者租赁生产设施的选择。是购买还是租赁，要算清楚背后的经济账。购买土地要考虑固定资产的摊销成本和土地是否具有升值潜力。很多饲料企业采用租赁工厂的形式，不仅避免了烦琐的土地审批手续，而且就算加上其他成本，算下来也比购买土地自建工厂的费用要低很多。

误判土地增值趋势。在土地不断增值的前提下，企业通过项目获取土地，可以依靠土地增值收益弥补产业经营上的亏损。我们也经常看到，一些企业卖几栋楼，就可以弥补亏损。但是今天时代不同了，一些土地的价值增值空间不大，土地增值的收益也未必能归占有土地的企业所有。

耕地的租金不合理。前文提到种植用地成本不断走高，在流转土地后，如果种植产品的附加值低，遇到自然灾害或者经营不善，企业可能连租金的钱都赚不回来。因此要识别土地区位，测算土地产出，最终确定合理的土地租金。

特色小镇无特色。特色小镇有一段时间非常火爆，但没过几年，大批特色小镇要么破产，要么因为违规建设被叫停，要么客流惨淡难以为继。特色小镇可以分为两种：一种是原来有文化底蕴的，且区位优势还不错，这部分小镇发展较好；另一种是新建的小镇，缺乏特色，也没有区位优势和运营优势，成功的较少。

农业科技园区建设亟待完善。农业科技园区起到示范、辐射带动区域农业发展的作用。然而在农业科技园区建设过程中，若出现规划脱离区域经济发展实际情况，加入看起来高大上却没有任何作用的设备等现象，就背离了农业科技园区建设的初衷。农业科技园区建设应回到根本：一是要有真实的产业，结合区域特色，带动整个产业发展和农民增收，不可脱离产业搞园区；二是要有科技含量，利用园区研发和转化科技成果，提升农业科技含量；三是园区不是规划设计出来的，而是"长"出来的。

土地作为农业的载体，是农业的根基。通过对全国土地资源的梳理，厘清农业土地的特性，甄别农村用地、集体经营性建设用地和宅基地的农村"三块地"现状，利用好农业土地资源，规避农地开发的误区，进一步提升企业土地管理的水平。由于土地资源和政策的特殊性，我在本书中主要是阐述事实，而不是提出观点，目的是供农业企业管理者在开发土地资源时参考。

创新农业的机会

民以食为天，农业是生产食品原料的产业。由于农产品的刚需性和复购性，农业成了永远的朝阳产业。即使由于供需结构改变，在短期内农产品可能出现生产过剩，但长期看来，农业是一个相对稳定的行业。

农业正在成为产业资本、优秀人才、研发科技等产业要素关注的重点，农业投资逐年增加，优秀人才不断聚集，尖端科技不断突破。资本、人才、科技资源不断涌入，数智化浪潮席卷而来，农业正在迎来大变革。

正如前面谈到的，农业以其基础性、生物性、地域性和周期性的特点，行业自身形成了天然的壁垒，仅仅以资本要素试图整合农业产业的企业，大都惨淡收场。只有那些尊重产业规律，坚持长期主义的企业才可能赢得未来。

农业产业的机会在哪里？前面我们从传统农业以及农业土地的维度进行了梳理，这一部分我们从创新农业的维度，审视农业产业的机会。

企业如何开展创新工作？要遵循创新的底层逻辑，即创新带来的收益，能够覆盖因创新而产生的成本，我把它命名为"创新公式"：

创新收益 > 创新成本

这个公式是个常识，却被无数企业忽视了，很多企业为了创新而创新，不仅浪费了企业资源，而且因为创新而错失了自身主航道上发展的机会。

当然，任何一次创新活动，都意味着承担创新风险，谁也不敢保证创新一定成功，创新成功本来就是一个概率事件。从全行业来看，传统农业的机会正在减少，未来农业需要通过生物技术、区块链技术、人工智能技术、大数据技术等先进科技成果，与传统农业进行深度融合，创造新的机会。一些敏锐的互联网企业都在关注农业，这是某种风向标，预示着农业正在酝酿一场新的革命。

生物技术改造传统农业

生物技术是 21 世纪的技术热点，我想不只是因为生物技术本身可以改变生物的生长特性，提高生产效率，更重要的是生物技术可以按照人类预先设计的路径，改造植物或动物的品种，使原来的品种产出效率呈几何级数地提高。譬如在南美国家已广泛种植的转基因玉米，与非转基因玉米相比，前者产量最高可增加 24.5%[一]。

○   PELLEGRINO E，BEDINI S，NUTI M，et al. Impact of genetically engineered maize on agronomic，environmental and toxicological traits：a meta-analysis of 21 years of field data［J］. Scientific Reports，2018.

　　在动物育种中，差异也是非常明显的，比如白羽肉鸡最好的品种，其料肉比已经达到1.5∶1，也就是说1.5千克的饲料就可以长1千克鸡肉。不了解畜牧科技的消费者可能猜想是饲料添加剂的作用，其实是养殖科技的进步，一方面是饲料配方不断优化，营养成分搭配更加均衡，使饲料的转化率更高；另一方面依靠生物育种技术，不断选育优良品种，把料肉比低和肉品质好的品种选育出来，并稳定遗传。再比如太空育种，借用太空微重力环境，加上太空辐射，诱导蔬菜或粮食品种发生基因突变，再对突变的种子进行多代次选育，得到性状优良、遗传稳定的好品种。

　　随着生物技术的不断进步，将生物技术的最新成果运用在农业产业之中，是大势所趋，也是各个国家农业科技竞争的焦点。近年来，国家把生物育种提高到国家战略的高度，就是清楚意识到生物育种对粮食安全和食品安全的重要性。

　　生物技术、计算机技术的发展，带动了育种技术的发展。转基因技术、基因编辑技术、全基因组选择育种、基因组学是生物育种技术的核心与前沿[⊖]。

　　生物育种不仅包括常见的生猪、玉米、大豆等品种，还包括蔬菜、水果、水产、林木等几乎所有农林牧渔的品种，任何一个行业的种子被"卡脖子"的后果都是不可想象的。我国目

⊖ 郑怀国，赵静娟，秦晓婧，等. 全球作物种业发展概况及对我国种业发展的战略思考［J］. 中国工程科学，2021，23（4）：11.

前在生物育种上，不少品种对外依赖严重，急需推动本土育种技术的发展。

2000～2021年，我国玉米自给率从111%下降到91%，2021年玉米进口量达2 835万吨，创历史新高，这与我国畜牧养殖业的发展对玉米需求增加息息相关，预计未来对玉米的需求会继续增加。扩大玉米种植面积的可能性已经较小，关键是提高单产，通过生物育种技术改变玉米种子性状是可行方法之一。转基因玉米抗虫、耐除草剂的特性，能够有效提升玉米产量。

大北农是国内从事转基因玉米和大豆研发的龙头企业，目前已获得12个转基因抗虫、耐除草剂玉米生产应用安全证书和3个转基因耐除草剂大豆生产应用安全证书。大北农获批的DBN9936抗虫、耐除草剂玉米对草地贪夜蛾有60%的抗性，大北农称第二代转基因玉米可以做到100%抗草地贪夜蛾。大北农表示，转基因玉米相较普通的杂交玉米可增收10%～20%。目前，我国转基因产业化应用试点正在有序推进。

同样，生物技术成果还大量运用在植物、动物、微生物和创新产品上。比如生物农药、生物肥料、生物饲料、细胞培养肉等。

生物技术创新具有风险大、投入大、创新周期长的特点，任何一家企业或科研院所单独开展重大生物科技创新都面临巨大压力。按照西方发达国家的经验，由多家单位联合开展的集成创新具有很强的竞争优势。集成创新是指经过国家的有效组织，将重大攻关课题进行分解，让每个参与单位承担一个子项目，采取同步开展研发的并联方式，当各个子项目完成之后，集合在一起，从而实现集成创新的目的。在集成创新上，我国还有广阔的发展空间。

数智化改变农业生产方式

现代工程技术借助传感器、自动控制技术、环境控制技术，大量运用在农业生产环节，极大地提高了农业生产效率。动植物有其特定的生长周期和生长环境属性，但并不意味着人类对此无能为力。北方冬季气候寒冷，不能生产蔬菜，但有了塑料大棚以后，可以在棚内营造适合蔬菜生长的环境，克服低温带来的生产不便。

如果把塑料大棚进行升级，把工厂自动化生产技术运用在农业生产之中，营造动植物生产所需的环境，农业就可以实现工厂化生产。国内外科技巨头，如谷歌、亚马逊都在这方面大举投入，建设植物工厂。

或许未来人们可以根据需要，像获得标准化的工业产品（如电冰箱等电器）一样，获得高品质、标准化、可追溯的农产品。我也深信随着物联网、大数据、人工智能、农业工程技术等技术的复合运用，这一天将很快到来。

在农业生产领域，重复性的、危险的（比如打农药）、没人愿意干的（如清理猪粪池）、枯燥封闭的（比如猪场封闭养猪）场景下，数智化技术都有广阔的运用空间。

荷兰是位于欧洲大陆西北部的一个小国，国土面积约 4.15 万平方公里，是全球农业最发达的国家之一。荷兰的蔬菜、花卉等生产居世界首位，农业的出口率世界第一、土地生产率世界第一。2021 年荷兰农产品出口额超过 1 000 亿欧元，同期中国农产品出口额 843.54 亿美元。荷兰农业在全球的竞争力建立在其世界领先的设施农业技术之上。

荷兰农业生产实现了高度标准化、自动化，玻璃智能温室大棚遍布全国。温室大棚每年清洗 8～10 次，保证温室透光率，从而增加植物光照；生产番茄的温室大棚采用热水管道加温，可以调节温度；温室大棚内还配有二氧化碳增施系统，确保温室内的二氧化碳浓度稳定。番茄是荷兰主要种植的蔬菜品种之一，采用温室大棚生产，依靠无土栽培技术、高秧吊蔓栽培技术、精细化温度和湿度控制等，番茄产量可达 34.54 千克/米 ^{2}，即亩产可达 23 吨。此外荷兰农业生产大量采用自动化控制系统，水肥管理、病虫害防治、采摘等均实现机械操作。

信息技术重构农业产业链

农业产业链很长，上中下游紧密相关，相互制约也相互促进。农产品的品质是由上中下游所有环节决定的，很难有企业能完全控制上中下游所有环节，一旦终端农产品质量出了问题，也难以追溯是哪个环节的问题。责任分不清楚，管理就难以到位。

随着我国经济的发展，人均恩格尔系数日益降低，人们从吃饱向吃好转变，对食物的安全性要求越来越高，期望吃到可追溯质量的农产品。但由于不能查证农产品的生产过程并快速检验农产品的品质，人们对农产品的信任程度偏低。

区块链具有去中心化、不可更改、可追溯等特点，运用在农产品追溯的领域，让生产的全过程，从投入品、生产环节到流通环节都不可更改，以此实现对农产品的追溯。比如养殖区块链牛，在牛的养殖环节，投入品全程记录；在生产环节，明确每一块肉的来源；在流通环节，标记每一块肉的流向，直到消费环节每一块肉都可以追溯。当然，再完美的技术都不能避免人为造假，这就需要在技术的基础上加上制度约束，让造假者付出沉痛的代价，而不敢继续造假。

广义的农业产业链，包括农产品初加工、流通乃至深加工、销售等环节。国家统计局的经济分类中把食品纳入食品工业之中，不过食品的原料都来自农业生产，前端质量不过关，食品生产车间再好，也不能保证食品的质量。国家一直在加大源头治理，这个策略是完全正确的。

期待一些有识之士，在农业的某些单品之中，利用区块链等现代技术，实现农产品全程可控、可追溯，以单点突破，实现局部突破，最后走向全域突破。这些技术的运用，使根据需求组织生产的定制农业和认养农业成为可能。

福建一位 95 后的新农人，通过卖茶叶和茶园认养模式，实现年净利润 300 万元左右。虽然他目前的业务规模还很小，但是他做茶叶采用的认养模式很有借鉴意义。他是怎么做的呢？

这位新农人大学时开始卖茶叶，积累了一批经销商和客户，在茶叶市场激烈的竞争中，为了实现差异化，他开始尝试"认养一亩茶"的模式。

刚开始推出认养半亩茶 / 一亩茶时，客户认养半亩大红袍茶园的费用为 1 万元，茶叶上市后他为客户提供 20 千克私人定制包装的大红袍。在获客上，他一方面从已经积累的几千个客户中转化，另一方面通过自媒体平台吸引客户。在认养半亩茶 / 一亩茶推出不久，他又上线了众筹模式。比如众筹 10 亩茶园总投资 18 万元（1 亩 1.8 万元），可获得茶叶 400 千克（1 亩 40 千克），把 18 万元分成 100 股，一股 1 800 元。认购一股可以获得 4 千克大红袍。众筹的发起者可以获得 30% 的佣金，即 5.4 万元。

客户认养后，他在茶园里面插上专属的认养牌子，"×××，茶园，园主×××，品种大红袍，面积×××，认养日期×××，地址××生态茶园"，还给客户颁发精心设计的认养纪念证书。此外，客户入驻茶园的民宿可享受包吃包住，还可以免费加入社群。为了增强客户的信任感，这位新农人每逢过年都给每个客户赠送小礼物，比如 2021 年他就给每个客户赠送了自己手写的春联。

虽然他微信上的好友不多，但是质量很高，他靠着这种模式积累了几百位认养茶园主。他会在手机上备注每个人叫什么、是做什么的、在什么地方生活等信息。

农产品具有高复购率的特点，难的是如何与客户建立信任关系，让客户持续购买。区块链等技术正是通过技术手段解决信任问题的，上面提到的茶园认养模式也是建立客户信任的一种方式。

产销一体化拉紧农业产业链

农业生产面对的是活的生物，很难实现形状、质量的标准化。因此无论是线上销售还是线下销售生鲜农产品，为了确保产品质量稳定，销售端不得不往生产端延伸，但是大规模组织农业生产的难度远远大于组织工业生产的难度，这也是农产品电商更难成功的原因。

产销一体化或许是其中一个解决方案。所谓产销一体化就是以消费端的渠道网络优势，反向整合生产和流通环节，从而实现从生产到销售的一体化运作。在物资匮乏的时代，生产者生产什么，消费者就消费什么，这样的思维早已经过时了。北京邮电大学经济管理学院教授王立新在为榕石商学授课时，曾提到一个观点：消费者需要什么，决定了生产什么，以及如何生产。

产销一体化的最大优势是以销定产、产地直销，减少农产品在多次运输中造成的损耗。很多企业都在尝试产销一体化。

圣农发展在白羽肉鸡全产业链企业排名中名列亚洲第一、世界第七，目前已经实现了集育种、饲料、白羽肉鸡养殖、肉鸡屠宰、熟食加工为一体的全产业链布局。圣农发展实行"自繁、自养、自宰、自销"的模式，保证生产的鸡肉安全、全程可追溯，是麦当劳在中国唯一的鸡肉供应商，长期为百胜中国、德克士、沃尔玛供货。白羽肉鸡产业是产销一体化程度最高的产业之一，目前众多畜牧企业也在积极布局食品端，尝试实现产销一体化。

如果说畜禽养殖常见的产销一体化是向食品端延伸，那么种植行业常见的则是从销售端往种植端延伸。典型的如洪九果品，利用自身销售端的优势，反向延伸至种植端，确保果品质量可控，降低采购成本。作为中国最大的东南亚进口鲜果分销商，中国每进口10个榴梿，就有一个来自洪九果品。洪九果品在东南亚地区有一支400多人的团队，直接从果园采购，并且为果园提供种植技术服务，在当地完成水果的分选、包装、保鲜、仓储等。

蜜雪冰城广受欢迎的柠檬水，4元一杯，一年可卖出几亿杯。最初蜜雪冰城所需的柠檬都要向经销商和果农采购，在需求旺盛时甚至出现断货。蜜雪冰城利用柠檬销售优势，向种植端延伸，从而降低采购成本，使果品质量可控。安岳县是"中国柠檬之都"，自然成了蜜雪冰城的柠檬采购基地。2020年9月，蜜雪冰城在安岳县注册公司，与当地企业合作，进行柠檬的收储和加工，同时与中化合作，向果农提供种植技术和农资。目前蜜雪冰城是安岳县最大的柠檬采购商，每年采购比例是当地优质四两果总额的30%。

值得注意的是，产销一体化并非所有环节都由一家企业完成，企业做好自己最擅长的板块，其他板块可以与更专业的团队合作或者招聘专业人才来做。比如卖猪肉和卖饲料看似是相关产业，实际上两者的经营逻辑完全不一样，如果让卖饲料的团队去卖猪肉，失败概率估计比较高。

农产品加工的预制菜

预制菜的底层逻辑是先看消费场景，再看消费规模，最后看商业实现的可能性。

首先看消费场景。

新一代消费者的消费习惯、消费观念和消费方式都发生了深刻变化，加上如今快节奏的生活方式，不做饭的人数正在增加，年轻人更愿意把时间花在自我成长和娱乐享受上，预制菜的消费场景似乎成熟了。

厨房对年轻人来说，发挥着两个功能：加热式烹饪，间歇性提供美好生活。前一个功能刚好对应预制菜的消费场景，但是预制菜很难带来超出食客预期的体验，加之点外卖的便利性，所以预制菜的消费场景是否如一些投资者预测得那么美好，还需要时间检验。

某餐饮连锁企业，主做中高端的菜品，2020年推出了囊括中国八大菜系的当家菜。在其门店内，没有厨师，没有明火，所有菜品都是半成品，只需要简单加热就能吃。该餐饮连锁企业认为，食客可以快捷地吃到各大菜系，公司通过中央厨房也可以实现标准化生产。当家菜推出后却引来一些食客的调侃，"人均100多元吃的是加热食品""花200元吃了一顿外卖""没想到是加热一下就能吃的盒饭"。从调侃中可以看出，对于追求用餐体验的食客来说，他们去门店吃的是新鲜菜肴，而不是摆在冷柜中的半成品，食客从心理上并不认为半成品比现做的好，再加上高定价，可能达不到预期效果。

其次看消费规模。

在中国这个差异巨大的"折叠市场"里，一线城市的消费规模不能成为二三线甚至四线城市的样本。越是基层的城市，可能人们对食品价格的敏感性越强，也更有时间花费在有烟火气的做饭这件事上，当做饭被赋予美好生活的感受后，它的意义就超出了"做饭是为了吃"，就不能用时间来衡量做饭的成本。县级城市的预制菜有多大的消费规模，还有待进一步验证。

最后看商业实现的可能性。

任何一个产品都要通过消费者进行检验，农产品或食品是否得到持续购买，是企业实现商业闭环的重要指标。据我的观察，许多农产品企业、食品企业、餐饮经营者成功的密码在于"复购"，就好比巴菲特投资的密码在于"复利"。农产品和食品都不怕毛利低，怕就怕购买频次低，因为即使毛利很低，只要周转率足够高，堆积起来的利润也可以支撑企业的商业运转。高频次的复购还可以减少存货，进而降低因产品过期、变质带来的损耗。预制菜也是如此，只有复购才有生命力，未来预制菜能否成功，根本在于其复购率。

生鲜电商的商业常识

生鲜电商同时具有生鲜和电商的特点，两个特点的结合让生鲜电商成为电商领域的珠穆朗玛峰。

生鲜电商也遵循商业常识，那就是：与家门口的菜市场比起来，价格是否更低、品种是否更丰富、购物体验是否更好，这也是亚马逊创始人贝佐斯所说的电商的三个根本问题。

生鲜电商作为电商，就必须有电商的基本属性——低成本、多品种、高质量。农产品尤其是生鲜恰恰很难在以上三点上取得优势，即便如拼多多、京东、阿里巴巴，有强大的物流系统，可以做到相对快捷的运输，但是消费者除了米、面、油等单次购买多一些之外，像蔬菜、水果这类不易保存的产品，消费者都是少量、高频次购买，这对物流的要求更高，物流成本较高。

生鲜的生产链很长，生产过程又难以标准化，这导致生产成本很难控制，加上运输成本，可能同类产品从电商购买的价格高于从菜市场购买的价格。至于品种的丰富性，日常消费最常见的是蔬菜、水果、肉蛋奶等品种。通过以上分析我们就会发现，电商的优势在农产品上难以发挥。

生鲜电商的拦路虎还有损耗。在一定程度上，损耗就是经营者的利润，生鲜的损耗是不可避免的，唯一的出路是降低损耗。强大的物流系统可以降低损耗，但是生鲜不可控因素非常多，产品保质期、冷藏环境等都会影响损耗。

生鲜电商的困局是否有解决之道呢？在我看来，只有把电商获取客户的优势，与线下门店的精细化管理相结合，线上线下优势互补，才可能带来前文讲到的低成本、多品类、高质量。

或许生鲜电商的成功，需要逆向构建商业模式。什么模式给消费者的价值感知超过家门口的菜市场，这个模式就有生命力。也就是说，生鲜电商企业的竞争对手不是其他电商企业，而是家门口的菜市场。

农产品直播带货

前面分析过，农业中间投入品具有工业产品的特征，很多都是标准化、规模化生产的，比如化肥、农药、疫苗、兽药等都有统一认可的产品标准，这样的标准化产品适合在线上营销。

如今直播带货方兴未艾，一些企业转型直播带货已经取得了成功，充分验证了线上销售的可能性。

这里需要注意的是，中间投入品与终端农产品是不一样的。中间投入品需要技术服务，比如购买饲料的养殖户，需要阉猪、看病等技术服务。一些先知先觉的农业投入品公司在直播带货时，切入某个细分领域（比如蛋鸡养殖），以技术服务为先导，通过免费提供生产技术服务，将公域流量导入私域流量，建立客户群，转化成交。

前面提到标准化生产的食品与生鲜特点不同，比如奶粉、火腿肠等就是标准化程度很高的产品，完全可以按照工业产品的逻辑进行直播带货。事实上，国内奶粉直播带货已经产生头部企业。

辽宁欧亚泰高农牧股份有限公司（以下简称"欧亚泰高"）成立于2016年，主营饲料生产、加工和销售。2018年欧亚泰高在快手上看到某带货主播一天带货1.6亿元，于是它开始尝试直播卖饲料。

欧亚泰高直播卖饲料初见成效。饲料销量从2018年的不到1万吨，提高到2019年的5万吨，2021年时的销量已达40万吨，主播也从不到10人发展到300人，从没有工厂到建立了3个生产基地。在受非洲猪瘟、新冠疫情的影响，以及饲料行业充分竞争的背景下，欧亚泰高通过直播带货逆势增长，充分证明了中间投入品在一定条件下直播带货的可行性。

欧亚泰高利用采购优势，降低原材料采购成本，进而降低饲料成本。据欧亚泰高总经理分享，欧亚泰高销售 1 吨饲料的成本可能就 60 元，其他饲料企业可能需要 100 多元。

在分享机制上，激发直播带货热情。高峰时期，欧亚泰高的一个主播一个月可以卖 2 000 吨浓缩料，1 吨料挣 100 元。

欧亚泰高并不只是在线上卖饲料，还在线下建设服务中心，与线上相互协同。

未来，可能在农业中间投入品的许多细分领域，都会诞生头部直播品牌。适合直播的产品一般满足重量轻（节约物流成本）、毛利率高、客户熟悉（减少服务环节）的特点。例如，一家河北的生物饲料发酵企业，通过直播讲解蛋鸡养殖技术，在一年时间内吸引了十几万名精准客户，后期通过向客户售卖添加剂产品，目前已经实现盈亏平衡。该公司的客户群体主要是中小型养殖户，线上购买产品成本更低，且公司售卖的产品有什么功效、如何使用，养殖户一看就懂，大大降低了线上成交的难度。

细分品类的规模化

无论是生鲜农产品，还是粮食等非生鲜的农产品，都需要用规模换效益，单品做大可以在成本、销售渠道、价格等方面发挥优势。当然这需要企业投入大量资本，从而掌控产前、产中和产后的关键环节，实现产品综合利润。

这里以番茄为例。中国是继美国、欧盟之后的第三大番茄生产地区和第一大番茄出口国。我国新疆是亚洲最大的番茄生产和加工基地。

番茄具有红色素含量高、可溶性固形物含量高、单产高、病虫害少、霉菌少的特点。在新疆生产番茄独特的优势下，也孕育着大公司。中粮糖业是亚洲第一大、世界第二大的番茄加工企业，2021年鲜番茄加工量为155万吨，占中国番茄加工总量的32%，占全球番茄加工总量的5%。

中粮糖业在国内最优良的番茄产区拥有约30万亩番茄种植基地，旗下13家番茄公司，从事大包装番茄酱、番茄制品等业务。中粮糖业处在番茄这个大单品市场中，凭借其资本、技术等优势，在番茄这个细分品类里构建了从种子、种植、初加工、深加工、销售等于一体的番茄制品全产业链运营体系。

大宗农产品的国际贸易

最近几年大宗农产品的价格波动，已经引起国家有关部门的重视。据有关部门的统计，我国食物自给率不到70%，利用国外资源补齐食物供给的缺口是一个国家工程，如何保障粮食安全基础之上的食物安全，是"国之大者"。企业站在国家食物安全的角度自觉服务于国家需要，责无旁贷。

在粮食、大豆、油类、蛋白鱼粉等大宗产品的国外生产、进口等方面，中国企业都有机会。在一些土地富饶的国家，进行关键农产品的合作生产，以此作为国内农产品供给的补充。通过对全球气候的监测，预测大宗农产品的价格走势，以加工的方式获取食物资源等，这些方式都可以构建国内食物的供给链条。

如前所述，细长的农业产业链，为产业链内部的农业企业提供了广阔的发展空间。现代生物技术、信息技术、工程技术与农业产业链的融合，必将创造巨大的发展机会。农产品的刚需属性，将吸引更多的资本、人才和技术进入农业领域，农业创新的美好前景正在到来。当然，任何创新都要满足最基本的条件，那就是创新的收益要大于创新的成本，即使这份收益可能需要等待若干年。

以上我们只是列举了农业创新的主要场景，其实农业创新的机会还很多，随着农业产业链与现代科技的深度融合，农业创新的领域必将进一步拓展，置身其中的农业企业在做好当下经营的同时，需要关注农业创新领域的新产品、新技术、新模式，采取主动拥抱而不是被动接受的策略，迎接农业创新的美好未来。

第二章

农业企业的利润从哪里来

第一章我们从纵向和横向两个维度梳理了农业全产业链的关键环节，农业企业如何在产业链的关键环节"打桩"，如何通过"产业链＋"的方式发现机会，如何挖掘土地资源，如何在农业产业的变局中洞察产业演变规律，如何在庞杂的农业领域里发现商业机会。

本章重点关注如何把农业产业的机会变成商业机会，如何选择细分领域，采用适合的商业模式，抓好营销环节，做好企业运营，最终实现企业先活下去再发展壮大的目标。或许有读者会提出疑问，按照管理大师德鲁克的观点，企业存在的目的就是为客户创造价值，利润是在为客户创造价值之后的副产品。其实我是赞成这一观点的，只是对于农业企业，尤其是大量中小型农业企业来说，它们要先生存下去，企业正向的现金流是企业活下去的前提，这要求农业企业先要找到自己活下去的路径，同时兼顾企业长远发展，把为客户创造价值当成企业瞄准的靶心。本章提炼了企业经营的四个关键问题，与各位读者一起讨论。

有无利润看选择

写作这部分的时候，我在安徽回北京的飞机上，刚去安徽六安看过一家榕石同学的兽药企业。离六安不远的霍山是中兽药的鼻祖喻本元和喻本亨兄弟的故乡，中医作为中华文化的瑰宝，远在明朝就被运用在预防和治疗动物疫病上。临床证明，中兽药对众多动物疾病的预防和治疗有良好的效果，并且中兽药没有药物残留，还可以改善畜产品品质，这使中兽药迎合了动物用药的未来发展趋势。

在霍山这个中兽药的发源地，有一家兽药企业，主营中兽药和兽用化药制剂（简称"化药"），企业成立20年，有9条刚通过GMP（良好生产规范）的生产线，拥有多项发明专利、130多个兽药批准文号、20多种饲料添加剂、2个新兽药证书，产能可达3亿元以上。但是企业的营业收入最高时仅6 000多万元，更多时间徘徊在3 000多万元。

通过深入交流，我提出了以下问题与管理团队探讨：

从行业的角度看，该企业属于兽药行业，在新版兽药GMP

实施后，我国1 579家（数据截至2021年底）兽药生产企业中，有1 096家（数据截至2022年9月）企业通过验收。这家企业地处中药主产地霍山，并且注册了"鼻祖"等带有唯一性和地标性的商标，但是中药制剂的收入只占全部营收的20%。公司要放弃化药专注做中兽药还是继续坚持两条路并行？

从用户的角度看，公司的产品覆盖了猪、反刍动物、家禽和鱼类，几乎是所有动物全覆盖，最大的单品销售额只有几百万元。把一个产品做大不仅有利于建立品牌认知，而且伴随销量提升可以降低成本，提高毛利率。公司是否选择聚焦在一种动物，甚至是一种动物的一种疾病上？比如，据公司介绍，只吃不长的僵猪就占生猪存栏数的10%左右，公司产品对僵猪疗效很好，只做针对僵猪的产品是否可行？兽药尤其是中兽药，从功能的角度有预防和治疗两类，公司是否只专注其中一类呢？

从销售区域的角度看，目前该公司有10多名销售人员，销售区域遍布全国，因人手不够，主要依赖代理商，因此渠道难以下沉，任何一个区域都做不透。公司是否要把营销力量聚焦在最有优势的区域，然后以点带面？

不少企业在成长过程中都面临以上难题，尤其是中小型企业资源有限，能力不足，为生存所迫，什么挣钱干什么，常常在生存与发展、长期与短期、聚焦与分散等重大选择上纠结，难以做出战略选择。

为何无数企业都消失在历史的长河中，手捧成功圣杯的企业却寥若晨星？通过分析几百家企业的管理实践，下面从战略的角度，讨论农业企业如何把发现的产业机会变成商业机会。

战略选择

寻找"最大公约数"

农林牧渔的横向产业与产业链的上中下游相互交叉，构成了大农业的生态，几百万家农业企业分布在纵横交错的各个节点上。每家企业都根据自身的资源能力以及产业和商业的判断，做出自己的选择。按照经济学的规律，任何选择都有机会成本，无数企业的实践都说明，选择是企业成败的分界点，也是企业发展的关键。从企业管理的角度，企业基于判断做出的重大决策就是战略选择。所以我比较认同战略管理专家王志纲对战略的定义：所谓战略，就是我们在面临关键阶段的重大抉择时，如何做正确的事以及正确地做事○。比如前面谈到的兽药企业，它面临着是用中兽药和化药两条腿走路，还是专注做中兽药的这个关键抉择。

战略选择的依据是什么？企业所处地域、自身的资源能力、创始人对未来的设想、客户的需求洞察、竞争态势、产业演变等都是企业选择时要重点关注的内容。这是否意味着战略选择

○　王志纲 . 王志纲论战略：关键阶段的重大抉择 [M] . 北京：机械工业出版社，2021：24-26.

都要具体问题具体分析呢？我反复观察大量企业的战略决策案例，发现可以归纳出以下共同的分析维度，我把这些共同的分析维度叫作战略的"最大公约数"。

遵守常识。企业战略从表面上看很复杂，其实从本质上看，思考战略问题要遵守常识。有人把遵守常识说得很玄，什么"第一性原理""原点思维"等。其实任何商业活动的终极目的都是为人的物质生活和精神生活服务的，这就决定了人的"常识"需求是需求的根本。比如网约车平台为什么能够做起来，根本原因是过去出行人找车只有站在路边碰运气，出租车也只能在大街上碰运气拉到乘客，而网约车平台把这个碰运气的行为，变成了确定的行为，极大地提高了乘客与司机交易的可能性，当然就降低了交易的成本。随着社会车辆的加入，进一步降低了乘客的等待时间和乘车费用。从这个例子我们看到，商业活动符合商业常识的标准只需两个：要么创新了产品或服务，满足了客户原来未被满足的需求；要么降低了原来产品或服务的成本，提高了效率，让客户节约了购买成本。这个常识是商业的底层逻辑，与具体商业活动无关。

遵循规律。所谓规律是被证明客观存在的自然或社会现象。比如地球自转，同时公转，这就是自然规律。同一种商品价格越低销量就越大，这就是经济学规律。在自然界和社会生活中，存在大量规律，战略选择要遵循这些规律。比如，前面提到的生猪生长周期需要18个月的时间（8个月生长成为备孕母猪，

4 个月受孕期，1 个月哺乳期，5 个月仔猪育肥期），养猪人可以通过这个生长周期的规律，安排好养殖的规模和节奏，以此让育肥猪出栏屠宰的时间节点与市场行情最大限度地匹配好。从战略的角度，更需要盘算全国母猪的数量以及 PSY，以此推算全国供给量和需求量的匹配度，根据全国的市场行情，选择是否进入养猪赛道和如何安排养殖规模。

尊重人性。商业活动是为消费者服务的，消费者通过购买产品来满足自己的物质和精神需求，因此商业行为要顺应人性。越是最基本的需求，需求的强度就越大；越是共同的需求，需求的频次就越多。比如住房和汽车是发展中国家居民的基本需求，因为它是人在吃饱饭之后的必然需求，中国的房地产业和汽车业成为大产业也就在情理之中了。在大家吃饱饭之后，进一步就是要吃好，这也必然催生一批有竞争力的农牧食品企业。

以上三条，是战略选择的基本分析维度。这些似乎都是最基本的东西，但无数案例证明，一旦在具体的商业场景里，许多企业就"自嗨式"地判断，创始人把主观且脱离实际的想法作为商业判断，将以上三条"最大公约数"抛到脑后，还用所谓的创新为自己的盲目选择装扮上美丽的外衣。

选择的三个维度

怎样选择呢？可能许多企业家会说，每家企业都有自己的特殊情况，我不否认战略选择的特殊性，在这我想讲讲战略选择的普遍性，具体来说也有三个维度。

时间维度。战略与战术的最大不同就是，战略是站在更长的时间尺度上考虑问题，战术是着眼于当下来解决问题。我的体会是，战略是站在未来看现在，而战术是干在当下谋未来。比如一家养猪企业的目标是成为全国最大的养猪企业，这个目标是面向未来的。企业站在这个未来目标上，对当下的猪舍硬件、饲料生产、动保、防疫能力等做出相应的安排。定位的目标是将来要实现的，具体工作在当下就要开展。

可能许多企业在战略选择上，忽略了时间是一种战略资源，导致自身没有战略定力。比如，在大量头部饲料企业转型养猪初期，因为没有做好养猪的技术储备，仓促养猪，导致自身损失惨重，于是有的饲料企业判断自己不适合养猪，放弃了这个赛道。后来的实践证明，不是赛道选择错了，而是没有打造好养殖技术和养殖专业团队。

空间维度。这里的空间主要是指市场空间，也就是市场容量。大海养鲸鱼，大河养大鱼，池塘养小鱼。如果阿里巴巴网站建在泰国，可能只有几百亿美元的市值，而中国这个市场，就可以养活像阿里巴巴这样的"鲸鱼"。中国有 14 亿人，4 亿以上的人口是中等收入群体，在一个统一的大市场里，会诞生一批世界级的农牧食品企业，这一点不容置疑。在市场容量相对较小的细分行业，并不是说就不能诞生杰出企业，只是数量相对较少。只要企业自身能力足够强大，就能在竞争中脱颖而出。比如 100 多家兽药（化药、中兽药和疫苗）企业，规模最大的中牧股份营业收入（生物制品和化药板块）也只有 20 多亿元，但外企勃林格的一个猪蓝耳病疫苗的年营业收入就超过 20 亿元。竞争的关键要素是企业的核心能力，从这个意义上来说，市场容量有弹性，每家企业在弹性的市场里所占的份额取决于其自身能力。

昆明斗南花卉市场是亚洲最大的鲜花交易市场，出口 46 个国家和地区，有"全国 10 支鲜花 7 支产自云南"之说。昆明四季如春，距离东南亚近，加上我国经济发展，对鲜花的需求量也不断上升，昆明的地理位置成了重要优势。这是典型的利用空间资源的例子。

资源与能力维度。任何战略选择都需要以企业自身资源和能力作为支撑，并且企业的资源和能力是有限的。企业之所以要进行战略选择，本质上就是避免资源浪费，把好钢用在刀刃上，最大限度地实现企业战略目标。在实际案例中，如前面谈到的那家安徽兽药企业，产品多，区域分散，动物种类也不聚焦，这种战略选择必然广而不专，在没有确立战略主航道之前，盲目投入就是一种资源浪费。

2022 年笔者走访了许多大型农牧企业，对资源能力有了新的认识。企业发展早期，对资本和人才的吸引力很低，主要依靠创始团队自带或获取的资源以及团队本身的能力发展企业。随着企业平台扩大，平台本身就有聚合资源的作用，许多优秀的人才和丰富的资源主动向平台聚集，形成了平台越大资源越多的"马太效应"。但是资源并不能自动转化成企业的能力，企业的能力是人才以团队的形式呈现出来的，所以海大集团创始人薛华先生就把企业核心能力定义为"为客户创造价值的团队学习能力"，这是一个直达本质的认识，他清楚地认识到企业核心能力是人才集聚之后不断成长学习形成的，这种能力不是体现在企业利润上，而是体现在为客户创造价值上。

企业在早期选择赛道的时候需要仔细掂量，一旦选择就要坚持。所以任正非说华为只有在方向上大致正确，尤其在技术迭代非常快的行业，企业在大致正确的方向上不断迭代，才能在"无人区"找到后来证明是正确的路子。农业行业的技术迭代相对于信息行业要慢很多，市场需求也比较确定，置身其中的农业企业不需要频繁更换赛道，而是要打造自己的核心能力，以核心能力聚焦资源，不断拉开与竞争对手的差距。所以，企业的战略是在方向大致正确的基础上，随着时间在一定的空间里"长"出来的，而不是找一个"聪明"的团队在办公室里设计出来的。

选择与放弃

企业在做战略选择时，要放弃一些自身不具备优势的领域或者产品与服务。通俗地说"战略＝战＋略"，只知"战"而不懂"略"，必然导致战而后衰。《道德经》里最重要的思想"反者道之动",揭示了世间事物运行的规律——盛极而衰。"略"就是一种省略和不为,省略不是目的,省略是节约资源,以便把资源聚集在自己最擅长的地方。

从这个意义上说,做战略是充分做长板而不是把短板拉长。因为长板一旦足够长,谁也不在乎你的短板,或许你的短板让他人觉得更易亲近,因为谁也不希望跟一个"完人"在一起。大量的企业是在不断放弃多领域作战的过程中发展起来的。或许因为前期的投入,或许因为某个业务是当下重要的收入来源,或许因为要养一个团队,或许因为创始人性格等,众多的企业不愿放弃多领域作战,结果耗费了有限的战略资源,企业也因为资源枯竭而衰败。

战略路径

一般谈企业战略,会把战略表述为"做什么,怎么做",我在跟企业打交道的过程中发现,在上面两者之间还应该加上一个关键考量,那就是企业的战略路径。什么是企业的战略路径呢?就是企业在选择赛道之后,用什么方式为客户创造价值,这种创造价值的方式对企业内部来说是企业的战略路径,对企业外部的竞争者来说就是一种竞争策略。

举个例子说明这个问题。两家饲料企业,成立时间相当,成立初期都是生产猪的全价饲料(简称"全价料"),销售区域都是全国市场。经过几年发展,其中一家企业认识到,猪饲料的市场因为养殖格局的变化正在细分，从全价料向不同阶段的饲料转变，产生了乳猪料、母猪料、预混料、浓缩料、全价料等细分市场。该企业于是做出调整：放弃全价料，转而只做浓缩乳猪料，销售区域也从全国聚焦华北地区。

该企业为何做这样的选择呢？因为它认识到，从企业外部竞争的角度，在市场细分的时期，越是有技术门槛的市场越是可以构建企业的竞争壁垒。竞争壁垒越高，企业竞争力越强。从养殖客户的角度，饲料企业很多，选择的余地很大，质量越稳定、价格越合适、服务越好、产品针对性越强的企业就越是客户真正需要的企业。从企业内部管理的角度，产品只要能销售出去，越是单一产品，组织生产难度越低，产品质量和成本越好控制。基于以上角度，该企业果断放弃了生产全价料的选择，而是聚焦在浓缩乳猪料上，企业的营业收入每年以 20% 以上的速度增长，产品品牌在局部区域取得很高的辨识度。

另一家企业一直坚持多产品，生产了养猪场需要的全周期产品，包括但不限于全价料、浓缩料、预混料、母猪料、仔猪料等。这家企业为何这样选择呢？因为管理团队认为，大量中小型养殖场，不希望与数量众多的饲料企业打交道，所以期望有限的饲料企业提供的品种越全越好。

对以上两家饲料企业的战略路径，我们不做对与错的判断。如果用结果来评判，经过 20 年发展，前者的营业收入和利润会是后者的 10 多倍，前者的战略路径是正确的。

当然，团队能力、资源状况、发展机遇等都可能影响两家企业产生不同的经营结果，虽然对企业成功不能简单归因，但单就在选择猪饲料这个赛道之后企业不同的战略路径来说，前一家企业的聚焦战略符合饲料发展的大势——中小型养猪企业愿意购买性价比更高的饲料产品，即使这些产品分布在不同企业，但与数量较多的饲料企业打交道能获取更多产品信息，反而可以获得购买饲料的主动权。或许后一家企业没有看到或者虽然看到了以上变化，但没有做出调整，结果当然完全不同。

从以上案例我们可以看到，企业的战略路径来自核心创始人在综合客户需求、竞争态势、企业自身能力等要素后，做出的符合企业发展实际的竞争策略。这种战略不是一成不变的，而是在不同阶段有所侧重。但企业不同的战略路径的确会导致不同的发展方向和核心能力，经过一定阶段的发展积累，企业之间也就因战略路径不同而区别开来。

战略执行

很多战略专家都认为战略选择非常重要，事关企业发展方向。但是战略制定占整个企业战略权重的20%，战略执行落地占80%，虽然这个比例并不绝对，但大致表达了战略执行才是把战略选择变成现实的关键动作。我们常常说人要知行合一，其实真正做到知行合一非常难。以下我就战略执行谈几点体会。

达成战略共识。战略落地执行的主体是团队，如果把团队分为高中低三个层级的话，每个层级的作用是不一样的，高层主管方向，中层负责执行，低层（员工）负责落地。由于各个层级分配的职责不同，关注的重点自然不同。如何把各个岗位的员工统一在一条战略路径上呢？那就是达成战略共识。

在操作上，企业做出战略选择或提出战略路径，即使最后是由高管定夺的，也要让企业各层级的员工，甚至客户都参与到战略制定的过程中，把战略制定的过程变成达成共识的过程。共识的达成不是一朝一夕的事，而是需要在实际工作中不断磨合，在沟通甚至是冲突之中达成。

制定路线图。许多企业都很擅长这方面的工作，参加过企业管理培训的很多企业首先想到的是制定一个清晰的战略路线图，各种战略路线图汗牛充栋，以至于员工常常觉得战略就是规划，"规划规划，纸上画画，墙上挂挂，最后不如领导一句话"。为何会出现这种"泛战略"的情况呢？或许跟战略制定与实际执行出现巨大偏差有直接关系。

在制定战略路线图时，首先要简单明了，把能做到的写下来，把写下来的做到位。其次要明确执行的主体，战略执行最终是人完成的，要把宏大的目标拆解到各个主体之上，凡是没有主体的拆解都是悬空的，不能得到执行和落地。

配给资源。战略执行过程中要配给资源，这个问题比较好理解，毕竟巧妇难为无米之炊。关键是要制定配给资源的规则，明确要向什么主体配给什么资源，这里的资源是个泛指的概念，包括人力、资金、技术等。对与企业战略路径一致的地方要饱和地配给资源，直到产生期望的结果。对资源的使用效果需要每年进行一次评估，以此更好地发挥资源的价值。

保持战略定力。 我们常常听到企业要保持"战略定力"，以此提醒企业不要轻易放弃原来的赛道或模式，要坚持走到底。可无数案例表明，许多企业坚守一个行业，坚持主业，通过精细化管理把产品做得很好，最后还是退出市场。这也引起许多企业的恐慌，以至于对自己从事的行业产生怀疑。企业如何判断自己是在正确的道上坚持还是在错误的路上固执？

笔者认为有三个判断标准：

一是能否创造客户愿意买单的价值。无论是什么战略，最终都要落到为目标客户创造价值上，如果战略指向一个伪需求的产品或服务，客户不愿意为企业创造的产品与服务买单，企业战略就失去了支点。

二是战略与行业趋势是否相悖。企业生存的宏观环境是国家，中观环境是行业，微观环境是由竞争企业、上下游供应商和客户构成的生态。国家政策和产业趋势直接作用于企业，违背行业趋势会使企业消耗战略资源，进而难以形成核心竞争力。当然，客户需求常常是引起行业趋势变化的源头，关注客户需求是一个最直接的视角，所以企业战略制定的起点是市场和客户需求。

三是新技术与新模式对于原有产品是否有替代性。如果市场中出现的新技术、新模式，让原有产品性能大幅提升，或成本大幅下降，或者新产品直接替代了原有产品，企业对此要拥抱而不是拒绝。柯达胶卷、诺基亚的失败大家都耳熟能详，但从中吸取教训的企业只是少数。

考评与修正。战略执行是立足当下，着眼长远。在执行过程中常常会出现偏差，因此要建立起战略考评机制，发现战略执行的实际效果与战略选择、战略路径之间的偏差时，企业应及时修正。

许多企业的董事会设置了战略委员会，其中一项职能是管理公司战略规划和投资决策，还有一项职能是进行战略考评，并根据考评的情况及时修正战略。但在实际工作中，战略委员会发挥的作用非常有限，尤其是在企业出现战略偏差的时候，不能及时制止战略资源的投入。即使上市公司都要求外部董事参与董事会决策，对相关议题发表独立意见，但实际工作中他们发挥的作用非常有限。

产生这种现象的原因很多，根本还在于对战略的认识不够，或者关键决策者对战略的固守。我们相信，随着我国经济的发展和企业管理水平的提高，企业的战略管理能力将日益增强，战略考评与修正必将成为一种常态。

案　例
海大集团的战略

海大集团（以下简称"海大"）是农牧行业成长速度较快的

公司，自 1998 年创立以来一直保持高速增长。可以说海大是一家典型的战略驱动和客户价值驱动型公司，其发展背后有很深的战略考量。

战略选择

海大创始人薛华从陕西考到华中农业大学，就读特种水产养殖专业，本科毕业后到中山大学读研究生，师从著名鱼类营养学家林鼎教授。硕士毕业后薛华到广东农科院工作了三年，之后辞职创办海大。创业初期海大做水产预混饲料，2002 年开始做水产配合饲料，再后来做禽饲料，做猪饲料，2020 年又进军反刍饲料。除了做饲料外，海大近几年开始做养殖，并尝试进军食品板块。

从上面的介绍中可以发现，海大的业务扩展具有非常强的战略节奏（见图 2-1）：饲料种类方面，从水产饲料扩展到禽饲料、猪饲料、反刍饲料；各类饲料内部也有先后之分，如水产饲料中先做鱼饲料，再做虾饲料，然后是特种水产饲料；产业链延伸方面，从饲料到种苗、兽药，到养殖，再到食品板块。

在市场选择上，薛华认为饲料行业没有天花板。2022 年中国饲料工业总产值超过 1.2 万亿元，工业饲料总产量超过 2.9 亿吨，年产百万吨以上的规模饲料企业集团就有 39 家，海大 2021 年饲料销量达 1 963 万吨，位居全球第三。如果海大只局限在水产饲料领域，它是不可能做到这么大规模的，因为猪饲料和禽饲料占饲料总产量的 85.94%。海大每进入一个领域，都

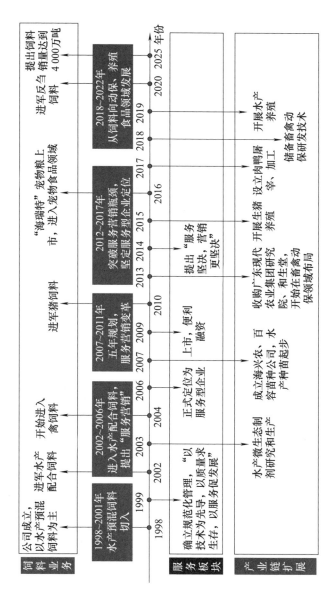

图 2-1　海大集团业务扩展

力求做到市场占有率第一或者至少区域内市场占有率第一。

薛华在战略选择上有其内在逻辑，在他看来：要进入一个新领域，一定要有战略节奏，要清楚"选择做不做，什么时候做"。进入一个领域前，要先去理解市场是什么样的，竞争是什么样的，公司的产品是什么样的，然后用两年时间，积累专业能力，实现产品超越。比如，海大做反刍饲料，第一年刚进入时，产品不如做了几年的同行，但第二年它做的反刍饲料就和市场同类产品差不多了，到第三年它做的产品就比市场同类产品还好了。因为前两年已经有二十几个配方师、博士在做反刍饲料试验了。海大做禽饲料也是一样的思路，刚开始做的时候，也是跟随竞争对手，后来逐渐实现反超的。

战略路径

企业很难在创立时就形成清晰的战略路径，战略路径是企业在与客户互动和团队内部不断碰撞后形成的。也许因为薛华的技术背景，以技术和服务为养殖户创造价值的认识深深地刻在他的头脑中。创业初期海大做过一段时间的饲料原料贸易，但在第二年就停止了该业务，专心做好水产预混饲料。海大的业务最初只在广东市场，当海大的产品第一次走出广东到养殖大省湖北之后，薛华发现即使自己产品的价格比主要竞争对手的低，毛利却依然可观，这增强了海大集团走出去的信心。

随着饲料行业价格战日趋激烈，养殖业处于低谷，海大不断反思养殖户需要什么，海大的核心竞争力是什么。最终到

2006 年，薛华发表了《我们的使命》一文，系统阐述海大的战略路径：专业化基础上的规模化，核心能力基础上的产业链延伸。这也是海大对外的竞争策略。

在这个战略路径的指导下，海大先围绕生产出最优性价比的饲料的目标构建专业能力，包含技术能力、信息能力、采购能力、财务能力等；然后在优质产品的基础上，为养殖户提供整套解决方案。

战略执行

海大在构建专业能力和服务营销模式的大方向指导下，凭借强大的战略执行能力，持续为客户创造价值，每年保持高增长。

海大推动战略执行的做法有很多，在此列举几条。

反复沟通，在团队内部达成共识。薛华有一个习惯，每周一都看下属的周报，花大量精力和团队沟通，定期抽调不同层面的团队负责人（如销售骨干、销售经理或总经理）当面沟通，沟通中不谈具体的业务，而是谈遇到了什么问题，谈养殖户是怎么想的。这样做既能了解市场，纠正战略执行中出现的偏差，也能更好地传达公司的发展方向。海大内部在推动一件事情时，要一遍遍地渗透，通过写文章等方式，沟通思想，树立典型。海大还设立了很多专业中心，便于和前端有效沟通。公司内部营造了多沟通、多谈问题的文化氛围，便于把公司理念彻底贯彻下去。

在组织机制上，总部定位为前端做服务，对分子公司充分授权，确保团队能够灵活地应对市场变化。组织架构匹配对应的分享机制，调动人员积极性。薛华接受采访时表示，海大以分子公司为单位的分享机制每 3 年一次，比如以 2013 年作为基础，2014 年、2015 年、2016 年跟 2013 年相比，每年利润新增加部分，其中的 15% ～ 20% 拿出来分享给管理团队[⊖]。公司所有人员的考核与收入挂钩，比如虾特料事业部收入提高了，对应的采购、研发、运营等人员都能从中分享利益。考核时把总部中心和各个大区串联在一起，上下级一起打分，分数影响员工收入。

海大集团始终保持为客户创造价值的战略定力。曾有一段时间，海大的服务营销模式受到养殖户、合作伙伴、同行和资本市场的各种质疑，海大并没有就此放弃服务营销，而是在内部发表文章《2014，服务再起航》，提出"服务坚决，营销更坚决"的理念。目前，海大 9 000 多人的服务团队下沉到养殖一线，提供综合养殖技术服务支持，并结合当地特点积累多种先进的养殖模式。目前，海大已建立了种苗、动保等专业团队，为养殖户提供"种苗—放养模式—环境控制—疫病防治—饲料—行情信息"等全流程的产品和技术服务支持，确保养殖户养殖成功和盈利。

⊖   农财宝典.薛华方法论（一）[Z].2016.

利润实现看模式

前面我们讲到了农业企业的战略选择、战略路径和战略执行问题，讨论了企业如何甄别商业机会，选择适合本企业发展的赛道，避免方向性错误。下面将重点讨论企业如何在已经选择的赛道上，构建合适的商业模式，把握发展机会，实现商业成功。

从交易的角度看，企业是各种利益主体的集合。如果参与合作的一方利益持续受损，合作就不会长久。反之，如果各方在合作中都能获利，合作就可以持续。

清华大学经管学院魏炜教授和朱武祥教授提出的"魏朱商业模式理论"，对商业模式进行了通俗易懂的解释，他们认为，商业模式是"业务活动系统及利益相关者的交易结构"。

通俗地理解商业模式包含两方面内容：一方面是"业务活动系统"，也就是企业凭借自身资源和能力，以自己擅长的方式，生产目标客户愿意购买的产品、提供相关服务，并实现企业盈利；另一方面是"利益相关者的交易结构"，即参与上述业务活动的相关者的利益安排，也就是参与企业经营活动的各个利益主体，都从中获利。

比如，一个擅长做面条的厨师开了一家兰州拉面馆。他需要购买面粉等食材、租门面、雇用员工等。那么这家兰州拉面馆的商业模式就是：一方面利用厨师擅长做面条的能力和启动资金的资源，把拉面做好，且实现卖出去的这个"业务活动"；另一方面还要让面粉出售商、门店出租方、员工和食客等利益相关者，都有利可图。

基于以上分析，商业模式由"业务活动系统"和"利益相关者的利益安排"构成。"业务活动系统"以经营活动的形式显性地表现出来，兰州拉面馆从购面粉、做面条以及租门店，都是看得见的经营活动；"利益相关者的利益安排"隐藏在经营活动之中，以合约的形式表现出来，即兰州拉面馆与面粉出售商、门店出租方、员工和食客通过合约彼此联结。

从显性的"业务活动系统"和隐性的"利益相关者的利益安排"两个方面，商业模式可以提取出四个关键要素：资源能力、产品生产方式、目标客户和盈利模式。两个方面、四个关键要素构成了商业模式（见图2-2）。

选择商业模式

从商业模式的结构看，企业需要综合发挥四个关键要素的作用，最终实现盈利。但这并不意味着企业要在四个关键要素上平均着力，恰恰相反，企业实现商业成功需要发挥自身的专长，扬长避短，顺势而为。

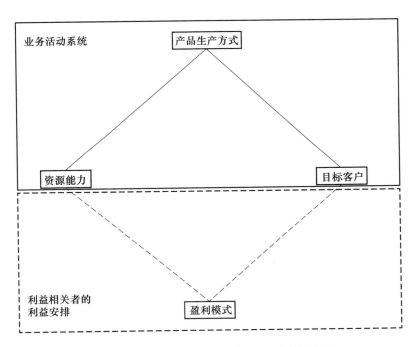

图 2-2　商业模式构成的"两个方面、四个关键要素"

　　企业根据自身对这四个关键要素的侧重点，可以组合出不同的商业模式。比如企业手里有金矿，虽然组织金矿生产也很重要，但是与金矿这种资源本身的重要性相比微不足道，所以人们把金矿企业的商业模式叫作资源型商业模式，以此类推，企业只要在其他要素上有优势，就可以构建出相应的商业模式。在此列举一些典型的商业模式供大家参考。

　　资源型。资源型商业模式，表现为企业依赖某种独特的资源，通过一连串的管理活动开发资源以获得利润，比如采煤企业依赖煤矿资源、旅游企业依赖自然景区资源。

开发地标农产品的企业，构建的也是一种资源型商业模式。地标农产品依靠的是当地独特的气候、地理位置等环境条件，离开这些条件，农产品就失去了其独特性。比如阳澄湖大闸蟹、盱眙龙虾、烟台苹果、眉县猕猴桃、库尔勒香梨、涪陵榨菜等，都是当地独特的环境条件造就的地标农产品。这种独特的环境条件就是"资源能力"，在这种条件下生产的产品就是资源型产品，企业依靠这种条件构建的商业模式也就是资源型商业模式。

"我们不生产水，我们只是大自然的搬运工"，这是一句耳熟能详的广告语。通过这句广告语便可以读出"水源"对农夫山泉的重要性。从 2012 年开始，农夫山泉在包装饮用水领域的市场份额一直位居全国第一。很多人认为农夫山泉的成功，是因为它的营销做得好，但如果仅从营销的角度看农夫山泉，那它的价值就被低估了。

根据弗若斯特沙利文公司的报告，同样是卖水，农夫山泉在中国前五大包装饮用水企业中是独一无二的。农夫山泉瓶子上印的是"饮用天然水"，包装饮用水产品全部源自天然水源，该水源富含钾、钠、钙、镁、偏硅酸等矿物元素。

从第一个水源基地浙江千岛湖开始，至今农夫山泉已经在全国布局了十一个水源基地，包括浙江千岛湖、湖北丹江口、陕西太白山、吉林长白山、广东万绿湖等。农夫山泉不断在全国布局优质水源基地，不仅能覆盖全国市场，而且能降低运输成本。水是人体必需品，谁掌握了优质水源基地，谁就掌握了独特的资源，谁就能够形成长久的竞争力，从这点看，农夫山泉创始人钟睒睒充分彰显了他的战略眼光。

供应链型。广义的供应链包括采购、生产、物流以及客户管理四个环节。企业管理的水平，很大程度上体现在供应链效率上，企业管理水平高，常常表现为供应链效率高；反之，供应链效率低下。构建了供应链型商业模式的企业，注重降低生产成本、提升周转效率，与其他企业竞争时，以供应链掌控能力取胜，所以供应链型商业模式本质上是依靠"产品生产方式"这个关键要素的。

构建了供应链型商业模式的企业，周转率是其重点关注的指标。比如饲料企业从上游采购玉米、豆粕等原料，加工成预混饲料、全价饲料等产品，最后卖给养殖企业。饲料企业的毛利率比较低，在同等条件下，存货周转率越高，企业的净资产收益率越高。

技术型。具有技术型商业模式的企业通过技术优势构建竞争壁垒，通常为科技型企业。企业通过持续投入，研发出有市场需求并且领先竞争对手的产品，构建企业护城河，这种模式是依靠"产品创造方式"这个关键要素的。

企业技术本质上是人力资源的变现。虽然在研发过程中离不开试验条件等硬件支持，但是研发的产品是"挖掘"研发人员智力资源产生的成果。研发是对未来的投资、对客户需求的预判、对行业趋势的预测、对研发过程中风险的管理，企业对此都需要承担风险。所以推向市场的产品会有风险溢价，也就是产品定价中会有一部分用于覆盖企业承担研发风险的成本。

中小型农业企业选择合适的研发项目比怎么研发更重要，也就是我们常说的选择比努力更重要。中小型农业企业需要在当下生存和未来发展之间找到平衡，如果盲目投资研发，尤其是在自己不熟悉的领域，非常有可能因为研发投入过大，短期内研发的产品不能投入市场，而耗尽企业资金，影响企业正常经营。

品牌型。同一类产品，如何在客户心智里占有一席之地呢？在客户选择日益丰富的时代，客户的心智非常"拥挤"，客户需要清晰的产品认知，减轻选择焦虑。这就需要企业挖掘产品亮点，比照客户痛点，凸显产品卖点，三点融合建立企业品牌，这种商业模式本质上是在"目标客户"的心智中占有一席之地。

平台型。平台型商业模式是指企业通过构建利益主体参与的平台，让参与各方都因交易而受益的商业模式。构建平台的企业是规则的制定者和平台的维护者，淘宝、微信、抖音是典型的互联网平台。这种模式本质上是做好参与各方的利益安排，即构建各方因参与而获利的"盈利模式"。

就平台型商业模式，以汇通达为例做简要介绍。汇通达是国内领先的面向下沉市场的交易和服务平台，服务的客户主要是乡镇零售门店。截至 2021 年 12 月 31 日，汇通达业务覆盖 16.9 万余家会员零售门店，涵盖全国 21 个省及直辖市、2 万余个乡镇。

汇通达构建了一个让零售门店、供应商等多方利益主体都受益的平台。平台业务有两块：一块是交易业务，包括自营和撮合交易两种。自营是汇通达从上游供应商处购买商品后卖给下游店铺，撮合交易则是第三方供应商在平台售卖产品，汇通达收取佣金。汇通达上交易的商品包括家用电器、消费电子产品、农业生产资料、交通出行用品、家居建材、酒水饮料六大品类。另一块是服务业务，即向"会员店"提供 SaaS 商家解决方案，包括库存盘点、门店效率优化、营销培训等。但值得注意的是，目前交易业务占汇通达总收入的 99%，服务业务占其总收入的 1%。

汇通达通过批量集采解决了乡镇夫妻店进货渠道单一、进货价格高的问题，同时提供金融服务等。汇通达作为平台，在全国构建了数量庞大的客户经理团队，负责开发、转化及留存会员零售门店，截至 2021 年 9 月 30 日，汇通达在全国 21 个省份拥有 2 902 名客户经理。

混合型。这种模式是指把资源、技术、品牌等混合在一起，构建的更加复杂的商业模式。多元化的集团型企业在发展早期，往往依赖一种商业模式，在发展壮大过程中，其业务形态日渐多元，在不同的业务板块采取不同的商业模式，这就属于混合型商业模式。

东方希望采用的就是混合型商业模式。东方希望是一家集重化工业（矿山、发电、铝业、硅业、水泥、化工等）、农业（饲料、养殖等）、商业地产为一体的大型跨国民营企业集团，位列"2021 中国民营企业 500 强榜单"第 52 位、"2021 中国民营制造业企业 500 强榜单"第 28 位。东方希望从饲料起家，后来涉足多个与饲料不相关的领域，在这些领域里构建的商业模式有所不同。东方希望虽然构建的是混合型商业模式，但始终坚持成本领先，如东方希望的铝生产单位占地全球最少、电耗全球最低、建设周期同行业最短，最终实现耗水零排放。东方希望是世界十大电解铝及氧化铝生产商之一。

企业采用哪种商业模式，受产品、客户、企业的资源和能力等多种要素约束，不同的发展阶段也需要不同的模式。选择商业模式时，既要关注构成商业模式的四个关键要素的协同性，更要重点关注企业的最优要素，在综合判断的基础上，慎重选择。同时，商业模式不是一成不变的，在市场竞争之中，企业需要对其不断迭代完善。

设计商业模式

前面提到，构建企业独特的商业模式，首先要从商业模式的四个关键要素中甄别自己最擅长的要素，并把优势充分发挥出来。比如企业研发能力强，那就在"产品生产方式"上做文章，其他三个要素都围绕这个要素展开。此外，要注重四个关键要素的协同，构建一个让利益相关者都认可的利益机制，在利益机制中明确各方的利益、责任边界和权力边界，让合作产生的收益大于各方付出的成本，从而使各方愿意参与到经营活动中来。

所以，设计商业模式要从业务活动系统和利益相关者的利益安排两方面入手，综合考量资源能力、产品生产方式、目标客户和盈利模式四个关键要素，同时遵循设计的底层逻辑，即设计商业模式时要坚持的四个原则。

坚持四个原则

商业实现。企业设计的商业模式最终成为可落地的商业活动，要基于企业现有的资源和能力，选择目标客户，创造出客户需要的产品，通过销售环节，实现经营活动的循环。现实的商业实践中，我们经常看到一些企业的商业模式里没有指出目标客户，资源能力不匹配，没有清晰的产品，或者没有明确的盈利模式，都是出于企业管理者的主观判断，逻辑上很圆满，却不能落地的所谓商业模式。

自利利他。 自利是人性的基本假设，参与者谋求自我利益最大化是人之常情，不能从道德层面加以评判，如果有参与者申明不谋求利益，其动机反而值得怀疑，并且不适合合作。商业模式设计就是要基于"每一方都是利益最大化的追求者"这个前提，设计一种大家都接受的规则，通过利他实现自利，同时约束每个利益主体在追求自己利益时不以损害他人利益为前提，只对自己有利的商业模式都是不存在的。

李嘉诚商业成功的秘诀就是让参与者获得超出预期的利益，结果每一个参与者都成为他商业信誉的传播者。看上去李嘉诚在每一次合作中都获得了相对较少的利益，然而良好的合作口碑为他赢得了更多的合作机会，在更长的时间和更广的空间里，他获得了更多叠加的商业利益。正如《道德经》里的智慧，"既以为人己愈有，既以与人己愈多"。

公平交易。 各方参与者之间的交易只有在相对公平的基础上才可能持续。交易的前提是交易对象有市场标价。市场是发现交易价格的最佳方式，通过市场机制让参与者清楚自己在交易市场的价值，并且愿意以市场认可的价格进行交易。每个参与者不会觉得自己因为交易受损，而是都觉得自己通过交易获益，这个交易就是各方都"感觉"公平的交易。当然，绝对公平的交易恐怕是不存在的，只要交易各方认可的交易就是相对公平的交易。

　　规则透明。规则背后反映了各方的利益分配方式和参与方式。制定规则的过程是各方博弈的过程，过程中公开透明，利于参与者达成共识以及后期遵守规则。一名理性的商业参与者在乎规则的公平性，更在乎规则的透明性，也就是我们常说的"吃亏在明处"。

　　以上是设计商业模式的底层逻辑，具体到每家企业的商业模式，表现形式各不相同。

规避三个误区

　　企业一旦形成自己独特的商业模式，就意味着它找到了"生存法则"。企业的商业模式不是一瞬间构建的，而是在与利益相关者多年的磨合中形成的稳定的商业活动和交易规则，因此商业模式不可能频繁变动。但这并不意味着商业模式一成不变，随着企业自身资源能力、目标客户及竞争环境的改变，企业为了赢得竞争优势，需要不断迭代商业模式。企业根据目标客户的变化，调整产品或服务方式，乃至生产方式或盈利模式，以便最大限度地为目标客户创造价值。每家企业所处的行业、竞争环境以及自身资源能力不同，商业模式迭代的路径也各不相同。在商业模式设计和迭代的时候，要避免如下三个误区：

　　企业主观判断。企业创始人或者管理团队把自己的爱好当成客户的爱好，把自己的需求当成客户的需求。比如创始人爱喝带甜味的茶，就假设大家都爱喝这种口味的茶，其实是错的，可能客户爱喝带苦味的茶。迭代商业模式时，一定要做市场调查，了解客户的真实需求。

估算市场容量偏差。任何一个产品的真实市场容量很难有准确的数据。比如假设中国有 14 亿人，每人 1 周吃一个鸡蛋，一年就吃 52 个鸡蛋，用人数乘以每人每年的鸡蛋消费量，算出中国鸡蛋市场容量，这种计算方法并不可靠。

技术研发脱离实际。重大技术革新会带来商业模式的颠覆式改变，但是技术研发需要成本投入，并且技术研发有巨大的不确定性，这就要考虑技术趋势与当前产品和市场认知的匹配度。

获取技术研发成果的方式，也未必都是企业自主研发，很多企业忽略了技术市场。科研院所或者同行已经做出的产品，企业可以通过合作或者技术转让等方式获得。比如，我国每年会公布新注册疫苗的转让情况，一个动物疫苗产品的研发周期要 6 ~ 10 年，这时候企业就可以比较是自主研发还是合作的成本更低。技术合作的时间节点也很重要，早期进入，风险很大，但投资少；临床时介入，风险小，但需要更多资金，企业需要平衡风险和收益。

除了技术革新，企业还容易忽略工艺革新。工艺革新往往能取得事半功倍的效果。比如，生产禽流感疫苗时，最早是用注射器向鸡胚接种病毒的，一次只能注射 10 个鸡胚。某家疫苗企业鼓励工艺革新，于是一线工人把注射器换成了大瓶子，一次可以注射 200 个鸡胚，大大提高了接种效率。

遵循四个步骤

每一家企业都有自身独有的内外环境，所以企业对商业模式不能照搬照抄，需要根据自身的实际情况，实事求是地设计可操作的商业模式，这一般要经历以下步骤：

寻找目标市场和目标客户。商业模式的起点应该在市场之中，要在竞争的市场里发现自己要服务的客户，摸清这些客户的真实需求，这些需求是否被现有的产品和服务所满足。目标客户组成的目标市场容量有多大，客户是否需要教育才可能产生购买行为……这些信息是企业在设计商业模式之前必须准确掌握的。

设计满足客户需求的产品或服务。针对目标市场，设计满足目标客户的产品，这些产品要有清晰的市场定位，区别于同类产品；对于市场上没有的新产品，要考虑市场教育成本。

匹配企业的资源和能力。为了生产以上客户需要的产品，企业要基于现有的资源和能力把这些产品制造出来，并且要有配套的服务能力，及时应答客户的服务要求。盘点企业资源时不能只看企业内部的现存资源，要把企业凭自身能力获取的外部资源也考虑在内，所以企业的资源和能力是动态和开放的，并且可以互相转化，资源可以转化成能力，能力可以获取更多资源。

设计交易规则。为了让企业交易能够持续，企业要在共赢的前提下，设计利益相关者都能获利的交易规则。一旦实现各方利益相对均衡，参与者就都愿意主动维护交易规则，企业就因此获得了内外双向驱动的良性循环，才有机会持续发展。

商业模式需要被商业实践检验，那些有商业活动支撑，交易结构安排好的商业模式，会在市场中不断成长、不断完善。

农业企业的商业模式举例

前面我们谈到，农业企业有其自身的特点，从全国范围来看，企业数量庞大，细分领域差异较大，地域分布非常广泛，服务对象千差万别。面对这样一个广泛的企业群体，很难用几种商业模式就概括了。通过观察大量企业，笔者发现以下几条共性的原则：

简单。设计商业模式时，可以站在全产业链的角度思考，但实际操作时，要先从一个环节切入，不要试图一开始就做多种资源组合。比如，某个区域客户资源丰富，那就先用一个单品把这个区域做透，然后再往外扩展不要一上来就做很多产品。商业模式就像滚雪球，先聚焦核心，然后越滚越大。

闭环。商业模式一定要闭环，企业利用各种生产要素生产出产品，产品卖出去后，实现利润，然后用利润继续扩大再生产，形成商业的正循环。如果企业早期因为投入大、周期长，不能盈利，即处在战略亏损期，那就要在对外融资上开源，确保现金流不断。

落地。很多商业模式设计得特别完美，但是落不了地，不具有可操作性。企业对自己设计的商业模式要匹配相应的能力去执行，要符合商业逻辑，经得起市场检验。

案　例

温氏集团的商业模式

中国农业的一大特点是有大量散户，在农业发展过程中，出现了一种典型的发展模式——"公司＋农户"模式：农户提供劳动力和土地资源，公司提供营销和技术，双方合作共赢。

说到"公司＋农户"模式，就绕不开温氏集团（以下简称"温氏"）。温氏构建了让农户、公司、疫苗和兽药企业、肉鸡经销商等利益相关者都受益的交易结构，被外界称为"温氏模式"。

温氏模式历程

1983年新兴县食品公司的养鸡技术员温北英联合温鹏程、温木桓等七户，承包了一个养殖场养鸡。短短三年间，养鸡场就取得了不错的发展，不但形成了比较稳定的销售渠道，还建立了种鸡场。

周围的村民看到"温氏"通过养鸡发了财，纷纷效仿。但是单个农户在养殖中发现种鸡、防疫、销售等难题无法解决，常常上门向温北英请教。温北英抓住这次机遇，不再采用自繁、自育、自养、自销的方式经营，从 1987 年下半年开始，既向农户提供种鸡、技术、饲料，还收购农户的成鸡进行销售，农户只需要利用自家场地饲养肉鸡即可。

这便是最早的温氏"公司＋农户"模式。后来温氏一直延续这样的合作模式，在云浮市新兴县越做越大。1997 年温氏大力发展养猪业，仍然采用"公司＋农户"模式，并把这一模式（见图 2-3）推广至全国。

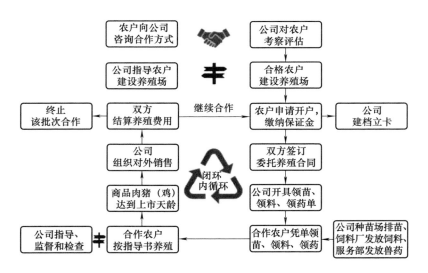

图 2-3　温氏"公司＋农户"模式

资料来源：温氏股份年报。

图 2-4 反映了温氏自创立以来合作农户的数量变化，到 2021 年底，温氏合作的农户为 4.54 万户，在最高峰时，合作的农户达 5.86 万户。

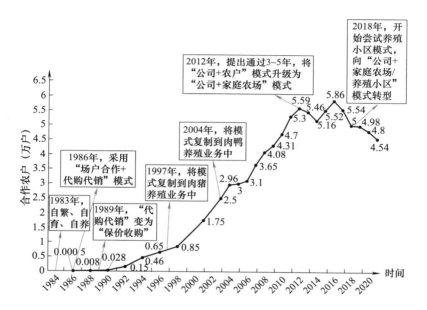

图 2-4　温氏历年合作农户数量变化

资料来源：公开资料整理，榕石商学。

温氏模式解析

1. 业务活动系统

温氏构建的业务活动系统可以理解为：温氏从上游集中采购饲料、疫苗等生产资料并自己生产种苗，农户负责鸡或猪的育肥，育肥结束后温氏回收，再卖给经销商或屠宰场。

资源能力：育种能力、养殖技术服务能力、市场开发优势以及批量集采饲料和疫苗的价格优势。从温氏的发展历程可以看出，温氏发展初期利用育种、养殖技术优势赚取了第一桶金，与农户合作后，温氏的育种能力、养殖技术服务能力、市场开发能力及批量集采生产资料能力不断提升。

产品生产方式：温氏向农户提供种苗、饲料、疫苗和养殖技术服务，农户利用自建养殖舍育肥猪苗和鸡苗，育肥后温氏负责回收。

目标客户：经销商或屠宰场。

2．利益相关者的利益安排

温氏模式涉及的利益相关者包括供应商、农户（家庭农场）、经销商／屠宰场、员工，温氏模式的核心是让参与各方都受益（见图 2-5）。

（1）供应商。供应商与温氏合作可以获得量大且稳定的订单。供应商可以提前安排生产计划，降低库存，赚的是薄利多销的钱。温氏则可以降低原料采购成本。

（2）农户（家庭农场）。农户与温氏之间属于委托关系。农户（家庭农场）与温氏合作弥补了自己养殖技术和市场开拓能力不足的缺陷。温氏为了让农户（家庭农场）长期与自己合作，实行保价回收和二次分配机制，降低了农户的养殖风险，让农户的收益得到保障。

（3）经销商／屠宰场。经销商／屠宰场从温氏拿到的肉猪、肉鸡相比从农户那里收购的供应量更大、质量更稳定。温氏成立经销商协会，并建立销售奖励基金制度，对销售业绩和信誉良好的经销商／屠宰场进行奖励。在销售价格方面，也给经销商／屠宰场留有利润空间。

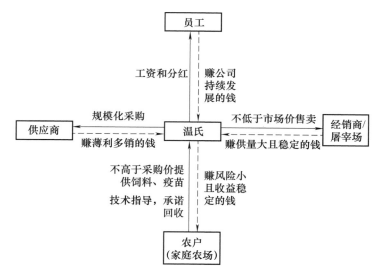

图 2-5　温氏模式下各利益相关者的利益安排
资料来源：榕石商学。

（4）员工。员工获得工资和分红。温氏成立之初便实行浮动工资制，员工收入与利润直接挂钩，工资按贡献分成 3 档 8 等以拉开差距，充分调动员工的积极性。此外温氏还实行员工持股，与员工分享公司发展成果。2012 年温氏集团变更为股份有限公司时，持股人数 6 789 人，持股占比 49.57%。上市以来公司累计实施现金分红 199.88 亿元，股东获得良好的分红回报。

3．温氏模式的生命力

温氏构建的商业模式解决了两大难题：在市场价低于合同价时，温氏依然能够按照合同价回收；在市场价高于合同价时，农户依然愿意把育肥猪和鸡卖给温氏。解决这两大难题的方法，也是温氏模式能够持续的重要原因。

在市场价低于合同价时，温氏为什么能够按照合同价回收？比如 1997 ～ 1998 年发生禽流感，温氏补贴了 2.8 亿元给农民；2004 ～ 2005 年，因为遇到了禽流感 H7N9，养鸡户损失惨重，温氏拿出 36 亿元补贴给养鸡农户。

第一，温氏向上游供应商大批量集中采购饲料、疫苗和兽药等生产资料，再以不高于市场的价格提供给农户，在一买一卖的过程中赚取了批量集采的收益。第二，温氏在养殖中为农户提供优质种苗、生产技术服务，帮助农户提升养殖成功率，农户自建猪舍，也降低了固定资产投资和折旧费用。第三，在整个养殖过程中，农户接触不到一分钱，接触的都是记账的数字，这也极大地提升了资金的使用价值。第四，温氏的生猪养殖板块和养鸡板块风险对冲，其中一个板块不赚钱，可以用其他板块的收益弥补。温氏通过生产资料集采、养殖服务、提升资金流动效率和风险对冲，保证了模式的持续性，从中也可以看出温氏模式对资金量的要求极高。

在市场价高于合同价时，农户为什么依然愿意把育肥猪和鸡卖给温氏？第一，也是最根本的原因是与温氏合作，农户的长期收益有保障，不用担心销售问题，即使养殖的猪和鸡价格低于成本价时，也能有收益。农户出于风险规避的考虑，不会贸然违约。第二，农户与温氏是委托关系，除猪舍、鸡舍等生产设施设备是农户的外，种苗、饲料、疫苗由温氏提供，产权上养殖的猪和鸡属于温氏。第三，温氏通过严格筛选农户、押金制度、信息化管理等方法，对农户形成一定的制约。

温氏模式成功的背后，是整个机制的成功，离不开契约精神和齐创共享的企业文化。这种文化从第一代创始人开始便已在企业生根，这从温氏董事长温志芬的回答中可见一斑："这些是我父亲对我们教育的结果。包括诚信，以及他强调的赚多少钱不是目的，大家在一起和谐共处、齐创美满生活才是目的，这些观点跟我父亲很信奉儒家的哲学思想有关。他（温北英）很强调儒家的为人处世原则和家庭伦理标准。"

温氏模式的迭代

受非洲猪瘟等因素影响，温氏"公司＋农户"模式受到业界质疑，温氏模式开启了新一轮的迭代。其实温氏模式一直在迭代，早在 20 世纪 90 年代便引入信息化系统来管理企业与农户的合作数据，2015 年后推出的"公司＋家庭农场／养殖小区"的模式，适应养殖集中度上升、非洲猪瘟的疫病多发、养殖人口老龄化的趋势。

"公司＋农户"模式在中国仍然具有很强的生命力，这是由中国国情决定的。温氏模式背后的管理体系、经营理念值得每一位企业家学习。

利润来源看营销

前面谈到，企业想要获取利润，就要选择合适的赛道、设计合理的商业模式、发挥企业优势、生产客户需要的产品。接下来就要依靠营销，把产品卖出去，把钱收回来，唯有如此，才能实现企业经营的正向循环。营销立足企业内部，但是其工作场景在企业外部。营销的对象是客户，营销的媒介是产品和服务，营销的目的是让客户持续购买产品。

产品营销是企业经营的关键环节，事关企业经营循环能否持续。尤其是农业企业的产品大多数都是重复购买的刚需产品，企业只有把产品卖出去，实现正向的现金流循环，才可能生存下来。据我们观察，大量农业企业的经营短板就是营销，企业即使能够生产优质的产品，但由于营销能力的制约，还是发展受阻。

或许因为营销是许多企业的薄弱环节，企业期望通过快速掌握营销"技巧"，尽快提升产品销量，这也催生了五花八门的营销培训。面对企业的营销工作，如何正本清源，把握市场和营销的本质，抓住营销的关键要素，掌握行业营销的特点，并采取有针对性的措施，这就是下面即将讨论的内容。

下面将在分析市场和营销本质的基础上，总结农业企业的营销方法，针对农产品的特殊性，提出农产品的细分营销概念。

市场是什么

说起营销，首先要谈谈市场是什么。

我想起了自己小时候卖鸡蛋的故事。在小学二年级时，我跟随父亲去镇上卖鸡蛋。当时我有两个疑问，一个疑问是那时生活很困难，鸡蛋这么好吃的东西，为什么不留着自己吃？另一个疑问是，把鸡蛋换成钱后，钱用来干什么？这或许就是一个小学生对市场的最初认识。

后来学习了管理课程，我才知道这两个疑问可以用亚当·斯密的社会分工理论解释。每个人或者每个组织，在社会中都有自己的资源和擅长的技能，也有自己不擅长的技能或者没有的资源，用自己最擅长的东西，交换别人擅长的东西，就产生了市场。我可以选择把鸡蛋留下来自己吃，但是由于我要买生活必需品和交学费，所以只能把鸡蛋这个在困难时期的"奢侈品"换成钱，用来买生活必需品和交学费。

从事管理工作后，我对市场有了更进一步的认识。比如如果我很擅长养鸡，那就专门养鸡，养成百上千只鸡生产更多鸡蛋，卖更多钱。有了钱之后，我可以扩大再生产。如果有更加充裕的资金，我不愿意再投入到养鸡的生意里，我就可以用钱做投资，买股票、基金，或购买其他企业的股权。卖鸡蛋，是把鸡蛋换成钱，鸡蛋是商品，这个交易市场是商品市场；买股票，是把钱换成股票凭证，这个交易市场是资本市场。从这两个市场的交易场景，我们可以理解市场的基本特性。

市场交易的主体是人。无论是商品市场还是资本市场，商品或股票凭证交易背后，本质上都是人与人之间的交易。作为交易标的物的商品，因人的需求多样性和社会分工的精细化，其品目极其丰富。

市场的驱动力是人的购买欲望。既然人是市场交易的主体，那么交易行为都受到人的购买欲望的驱动。而人是理性和感性的复合体，前者表现为计算产品是否"值得"消费，后者表现为会受情绪的影响，在理性和感性的共同作用下，人与人之间的交易得以完成。

市场交易的基础是人的自由选择。人的选择权越大，就越能按自己的意愿进行消费，或者发挥自己的优势组织生产。在自由的交易环境下，多个交易主体和多样化的交易方式，促进了市场的繁荣。反之，交易的约束条件越多，交易壁垒越高，交易成本越高，市场就越凋敝。

认识到市场的上述特征，有利于企业透过纷繁复杂的市场表象，抓住市场的本质，进而做好营销工作。

当年我任乾元浩总经理时，工作千头万绪，不知从哪里开始自己的工作更好。我凭直觉认为企业最重要的是把产品卖出去，于是我频繁出差，接触客户，参加行业论坛，接触行业专家，与销售人员深度交流，去了解市场需求，聆听客户的心声。

公司还建立了定期和不定期的市场沟通机制，每位营销人员每周都要将市场信息逐级反馈到公司。周例会变成了公司和市场一线员工之间建立直接联系的最有效方式。

我发现营销的载体固然是产品，但决定产品购买的是人，人才是营销应关注的主体。营销就是要与客户建立起信任关系，促进客户持续购买产品。所以我给营销人员的建议是，要先"卖自己"，再"卖企业"，最后"卖产品"，这个建议获得了营销人员的广泛认可，并取得了非常好的营销效果。

营销是什么

认清市场，只是开始。接下来企业要给客户一个购买的理由，即弄清楚客户决定购买产品的关键要素是什么？围绕这个关键要素开展的营销工作才是有效的，否则无论营销做得多么花哨，都带不来成交。

消费者有理性的一面，即先盘算产品的"使用价值"，也就是商品的实际用处。比如水果的营养成分，化肥的使用效果，饲料的营养价值。消费者购买产品时首先考虑产品的功能，其次是价格、服务能力，也就是人们常说的性价比。尤其是对中间投入品，消费者购买的最根本原因是性价比。

消费者还有感性的一面，即情绪一上来，就不那么理性了。每年"双11"购物狂欢节，都会产生很多冲动消费，网络直播更是放大了冲动消费，主播一句"买它"，让多少观看直播的观众忍不住想下单。再看奢侈品，一个包可能只有几百元的成本，但为什么消费者愿意花1万元去买呢？那是因为奢侈品满足了人的虚荣心，代表了一个人的身价和地位。农产品营销也需要调动消费者感性的一面。不过不管是中间投入品还是终端农产品，最终都要经得起消费者的检验，只有效果超出预期，消费者才愿意持续消费，感性消费最终也要回归理性。

我把营销比喻为一杯啤酒，一部分是啤酒，一部分是泡沫。消费者理性的一面对应着啤酒，感性的一面对应着泡沫。理性部分让产品效用最大化（至少是等价交换），感性部分要让消费者获得情感满足。感性部分是无底洞。比如买一块腊肉，包装盒一层又一层，盒子做得特别漂亮，里面的肉只有一小块，而消费者愿意花更高的价格购买这块腊肉。原因是什么？消费者认为用这块腊肉送礼很有面子。包装精美属于精神层面的东西，此时消费者买的不仅是腊肉，而且是精美的包装，以及包装背后的面子。

鉴于消费者兼具理性和感性，营销要从两方面发力。

一方面，通过产品功能实证，让消费者知道产品能解决什么问题，使用产品能带来什么效果。此时要拿事实和数据说话，才有说服力。

我有个学生从事远洋渔业贸易，把远洋捕捞的野生鱼进口到国内销售。由于远洋捕捞的野生鱼产量非常有限，一些企业利用海洋牧场养殖的鱼冒充，消费者很难分辨。我这位学生的远洋渔业贸易公司要做的是，以无可辩驳的"证据链"——用捕捞船队、保税库、加工车间、流通数据等信息，证明企业卖的是真正的远洋捕捞野生鱼。这就是用事实和数据回应消费者的理性诉求。

另一方面，只给消费者讲理是不够的。正如前面谈到的，感性消费永远存在，即使是注重性价比的农产品，依然有感性消费的空间。

还是以远洋渔业贸易公司为例。在消费者的认知里，已经预设了远洋捕捞的野生鱼比人工养殖的鱼品质要好。但公司还需要让消费者对产品有更多"感性"认识，才能产生购买行为。比如，反复强化公司是专注远洋捕捞鱼的进口商，以此在消费者心智中建立公司的定位；通过消费者传播产品可信度和消费后的体验；拍精美的图片激发消费者的购买欲望。

营销需要双管齐下，一方面讲理性，另一方面讲感性。比如卖衣服，从理性的角度告诉消费者，衣服很保暖，用的是高档材料，制作工艺复杂；从感性的角度讲衣服的品牌，讲衣服的款式和消费者气质很搭，讲衣服背后的文化。

双管齐下是否就够了，我认为还不够。这里的营销有一个假设，就是消费者只购买一次。但农产品的一大特点是复购率高，所以，要持续地双管齐下，让消费者重复购买。

理性和感性结合，并通过实践检验，产生营销成果，这才是营销的本质。市面上无数营销理论的核心都是围绕人的感性和理性来讲营销策略的，读者抓住这个本质就不会被眼花缭乱的营销策略弄昏头脑。

如何营销

在厘清什么是市场和营销后，接下来要了解营销的操作环节——如何把农产品卖出去。营销理论汗牛充栋，归根到底最重要的是从供给和需求两端出发，找到把产品卖出去的方法。

从供给端出发的营销理论，最经典的是 4P 理论。该理论由杰罗姆·麦卡锡（Jerome McCarthy）教授在 20 世纪 60 年代提出，主张从产品（Product）、价格（Price）、渠道（Place）、促销（Promotion）四个方面考虑营销。4P 理论站在生产者的角度考虑营销，为营销活动指明了清晰的路径和方法，对推动营销学发展和营销实践功不可没。

随着工业的发展，生产效率不断提高，产品日益丰富，企业产出效率不断提升，产品在局部市场供给端出现过剩。以企业为主导的卖方市场向买方市场过渡，引起了企业界和研究人员的关注。20 世纪 90 年代，罗伯特·劳特朋（Robert F. Lauterborn）教授提出 4C 理论，主张从需求端出发，重新设计营销。4C 分别指代顾客（Customer）、成本（Cost）、便利（Convenience）和沟通（Communication）。

4P 和 4C 都有道理，只是站的角度不同，4P 站在供给端立场，4C 站在需求端立场。我认为企业营销需要以客户的需求为起点，反向布局产品与服务，并通过营销活动，找到客户愿意购买且企业能生产的产品或服务，最终实现企业产品与客户货币的价值交换。因此，只站在需求端或者只站在供给端考虑营销问题都不全面。

为此，在吸纳供需双方各自诉求的基础上，我提炼出产品、客户、渠道、促销策略和激励机制五个关键要素，构建了把供需双方放置在一个场域的营销模型，简称营销"哑铃模型"（见图 2-6）。

图 2-6　营销"哑铃模型"

从这个模型中可以看到，除了关注产品、客户、渠道、促销策略之外，还要关注营销活动的执行者——营销人员的激励机制。营销是从客户需求出发，通过营销人员的努力，借助产品、渠道和促销策略，把产品或服务卖给客户，满足客户需求，实现企业盈利的过程。

产品。产品是营销的媒介。营销人员与客户谈生意，最终要回到产品上来。许多企业不把产品当成企业生存的根本，以所谓的"营销手段"，掩盖产品的不足，其实好产品自带流量，产品质量是最好的口碑。只是再好的产品也要得到客户的认可，所以营销人员需要提炼产品的卖点，让客户了解到产品的特性，与客户的痛点产生共鸣。

客户。企业要站在客户的角度，而不是企业的角度想问题。老板把个人的爱好强加到产品中，进而强加给客户，这样的例子不胜枚举。如，做鞋的老板认为穿在自己脚上的鞋很舒服，就假设客户都喜欢这种类型的鞋；餐馆老板喜欢吃酸菜鱼，就认为客户都爱吃酸菜鱼。有的需求是隐性需求，客户并不知道自己需要什么，这就需要企业去挖掘。比如乔布斯没有把触屏手机做出来之前，客户认为手机必须带键盘，直到使用了只靠手指滑动就可以操作的屏幕，才知道手机还可以这样设计。

渠道。渠道是把企业和客户连接起来的纽带。产品需要通过渠道触达客户，好比修建一个水库浇灌农田，在水库大坝下面要修水渠，把水库的水引导到一块块分散的农田里。水渠是水库的配套措施，一般都是自己建的，与水渠略有不同的是，营销渠道既可以自己建，也可以借助第三方渠道，只需要付出渠道费而已。电商渠道是典型的第三方渠道，企业使用这个渠道要向电商平台支付服务费、佣金等费用。

促销策略。前面谈到，客户购买行为受到理性和感性的双重影响，如何让客户在同类产品里选择本企业的产品，就需要实施促销策略。广告、名人代言、产品打折让利、售后服务等促销策略，最终都是为了留住客户，让客户持续购买产品。在营销活动中，企业需要评估哪些是真正有效的促销策略。

互联网时代，企业与客户能以更低成本、更高效率建立联系。企业可以通过互联网获取客户的消费信息，从大量消费数据中发掘客户的真实需求并预测消费趋势，甚至让客户参与到产品设计中，或者直接按照客户的个性化需求定制产品。新技术让促销变得丰富多彩，改变了只从企业或客户出发的营销手段。小米起步时让客户参与产品研发和设计，通过口碑传播，迅速积累了一大批忠实客户。这些客户成为小米手机的消费者和传播者，为小米的品牌建立打下了坚实基础。

激励机制。多年管理销售部门的经历，让我认识到营销人员是立足企业内部，主要工作场景在企业外部的"跨界"员工。对内，营销人员承担卖出产品的职责，对外，营销人员传播企业形象和与客户沟通。这种特殊的工作性质，对营销人员提出了不同的工作要求，其任职条件区别于生产、人力、财务等岗位的工作人员。营销人员的性格、专业技能等与其营销绩效都有关联，如何激励营销人员事关企业整体的营销成效。

受篇幅所限，本书没有给出详细的营销人员考核办法，在此提供一个路线图：从物质激励和精神激励两方面入手，强调激励的及时性和竞争性，让优秀的营销人员脱颖而出，让不适合的营销人员离开岗位，以营销成果（包含未来增长潜力等暂时看不见的成果）作为评判标准，在成果面前人人平等，优胜劣汰。

案　例

S 公司如何调整营销策略

　　S 公司在饲用油脂领域深耕 20 余年，是国内做功能油脂的头部企业。我们对 S 公司诊断后，发现它最突出的一大短板是营销。S 公司的产品具有较强的市场竞争力，但由于营销投入不足，其业绩增长遇到瓶颈。

　　我们建议 S 公司调整营销策略，建立营销体系，为新工厂建成后的营销做好准备。

　　在产品上：S 公司的产品比较多，虽然一直在强调功能油脂，但是市场上却很难有企业把功能油脂等"功能"讲清楚。经过梳理，我们把 S 公司的产品划分为三类，一类是常规油脂，一类是功能油脂，一类是结构脂。我们建议不同产品采用不同的营销策略。常规油脂靠销量取胜，关键是降低采购成本。功能油脂是公司的主打产品，核心是让"功能"显性化、数据化、案例化，为此需要去养殖场做试验获得数据并且体现在产品宣传手册上。结构脂则作为未来增长的储备产品，由公司继续与科研院校合作研发。

　　同时精简产品数量，做大单品。砍掉利润低、销量少、没有发展潜力的产品，把增长潜力大、利润高的产品，打造成大单品。

　　在客户上：对客户进一步细分，找到三类产品的真正客户。在与业务员共创，对客户进行调研后，我们发现每类产品针对的客户类型有所不同，客户的购买方式也存在差异。公司主打的功能油脂，客户包括预混饲料厂、蛋鸡养殖场、经销商，需要具体分析这三类客户的发展潜力、开发难度等。接着，要求老业务员把区域内符合条件的客户全部梳理出来，找出每个区域内的精准客户。

在渠道上：我们建议 S 公司增强营销网络的密度——增加每个区域内的业务员，快速抢占市场。为什么给出这条建议？根据我们的判断，产品正处于爆发期，目前业务员的数量根本无法覆盖这么广阔的市场。手里面有好产品、客户有需求、市场容量足够大，此时最需要做的是提高市场占有率，在区域内做到头部。为此需要增强营销网络的密度，重点发展有技术服务能力的经销商，先在优势区域下沉渠道，培养营销团队，再向全国铺开，最终构建覆盖全国的营销网络。

在促销策略上：S 公司采取了很多促销策略促进客户成交。比如，每个月邀请客户来工厂参观，并对其进行现场营销；通过返利、折扣、奖励等政策，吸引客户；对于新客户给予资金周转方面的支持。同时，公司主推的几个产品，给予客户更大利润空间和更多支持政策。

在业务员激励上：调整业务员考核方式。原来的考核方式是全部业务人员都是相同底薪加提成，这就导致两个问题：一是没有老业务员愿意带团队，担心带团队后自己的销量下降，因此公司营销团队始终建立不起来；二是新业务员前 6 个月销量少，工资极少，很难在市场存活，离职率很高。调整后，带团队的老业务员工资与新业务员挂钩，这激发了老业务员的积极性。新业务员入职前 3 个月的销量考核比重下调，加大对公司产品熟悉程度、客户拜访数量的考核力度；后 3 个月逐渐增加销量考核比重，同时保障新业务员的基本工资。

提高奖金兑现的及时性，提高季度发放比例。很多企业喜欢把奖金留在年底兑现，以防业务员中途离开，这种做法有一定作用，但是要注意比重。同时，公司每个月组织培训，鼓励业务员相互分享市场开发经验，让业务员既看到自身成长，也感受到公司的温暖。

营销策略调整后，S 公司焕发了新的活力。产品销量不断增长，在部分重点区域的市场占有率提升，营销队伍更加系统化。

农产品的细分营销

从供给端来看，农产品不仅有直接消费的终端农产品，还有为农业生产服务的中间投入品，产品种类非常丰富，这让农产品供给端的情况异常复杂。比如饲料种类众多，按动物类别分成猪饲料、水产饲料、反刍饲料、特种动物饲料、宠物饲料等，而猪饲料按使用阶段又分为教槽料、保育料、小猪料、中猪料、大猪料等。面对如此多的饲料品类，企业需要思考选择做哪些品类有市场。

从需求端来看，终端农产品覆盖所有人口和所有区域，客户类型复杂多样，消费习惯千差万别，市场差异巨大。中间投入品服务于农业生产，客户需求类似，标准化程度高，更容易渗透不同区域的市场。

鉴于农产品供需的特殊性，根据大量农产品营销案例，建议对农产品进行"细分营销"。所谓细分营销是指，在按照客户需求细分市场的基础上，针对细分市场匹配产品，以此实现产品与市场的高效连接，提高营销的有效性。

细分市场

我国地域广阔，不同区域的文化和消费习惯有所不同，"摊大饼式"的市场开发方式，不仅稀释营销资源，而且由于缺乏对客户的深入了解，难以与客户建立深度连接。为此，企业营销需要细分市场。细分市场要建立以下细分结构：

区域结构。俗话说，一方水土养一方人，各个地方的消费习惯可能完全不同。比如，在四川，产妇坐月子时喜欢喝公鸡汤，而在广西，产妇坐月子时更喜欢喝母鸡汤，养鸡企业就要根据这种消费习惯，做好养殖和营销安排。此外，企业可以先选择深耕一个区域，在一个区域做深做透，然后对外扩展，不要试图一上来就覆盖全国。

客户结构。客户的年龄、消费习惯、消费认知等都有所不同，即使同类客户需求也可能不同。为此，对不同客户采取不同的营销策略，有利于最大限度地挖掘客户需求。对集团客户，同样需要针对其不同特质，建立合理的客户结构。对重点客户需要采取有针对性的策略，维护客户群体的稳定。

渠道结构。中国幅员辽阔、地域风情差异很大，终端农产品和中间投入品的消费群体都很大，分布非常分散，对渠道的要求很高。比如，饲料企业的客户是养殖场，不仅分布在比较偏远的农村，而且对技术服务有需求，这就要求饲料企业同时具备销售能力和技术服务能力。如何建立起直达终端的营销网络，覆盖终端客户的产品和服务需求，这考验企业的管理能力。

举个例子，青岛易邦生物是一家生产动物疫苗的企业，这几年越做越大。这家企业为何能够发展起来呢？除了不断开发市场需要的新品之外，一个很重要的原因是它建立了覆盖全国重点养殖区域的营销网络，下沉到县的营销渠道，不仅卖产品，更重要的是提供技术服务，快速响应客户服务需求。随着养殖规模化水平提升，蛋鸡集中化养殖的风险也在上升，众多中小规模的养殖户不懂技术，也难以高薪聘请技术服务人员。而这家企业按照养鸡企业的需求，为养殖户提供专业化的技术服务。凭借过硬的专业技术，公司积累了一批长期合作的客户，从而获得了长期稳定发展。

细分产品

农产品的品类非常丰富，为了让不同品类的产品对应不同的市场，需要对农产品进行细分，具体包括以下细分结构：

品种结构。农产品品类的多样性，决定了农产品品牌的多样性。农产品市场是一个强信用市场，客户和企业之间的相互信任最关键。客户愿意购买产品，来源于对企业的信任，有了信任才愿意买产品。企业基于客户的信任，建立起了信誉，信誉又强化了客户对品牌的认可。

按照不同产品品类建立细分品牌，不仅能够在细分领域占领客户心智，还在一定程度上避免因一个品牌事故而伤及公司其他品牌。

团队结构。由于农产品本身的差异性，一个营销团队熟悉所有产品的难度很高，这就要求专业的人干专业的事，针对不同品类的产品分别构建营销团队。比如兽药和饲料，虽然都是面对养殖户，但是由于两类产品的特性不同，兽药针对动物疾病防治和治疗，饲料针对动物营养，业务员同时掌握兽药和饲料专业知识的难度很大。无数农业企业营销实践也证明了细分团队的益处。

细分营销是一种"术"，真正的"道"是要认识到农产品营销的对象是人。客户购买农产品受理性和感性因素共同影响，农业企业的营销需要双管齐下，把握农产品市场的独特性，从客户需求出发，抓好产品质量，梳理营销渠道，做好促销策略和营销人员的激励，最终实现产品销售。

案　例

W 公司的细分营销

W 公司是国内最早的农业部（原）直属兽医生物制品生产企业之一，主营兽用疫苗的研发、生产、销售和技术服务。

由于历史原因，W 公司以政府招标采购为主要销售渠道，最高时占公司总销售收入的 70% 以上。随着强免疫苗由政府采购向"先打后补"（养殖户自己购买疫苗，打完后向政府申请补贴）转变，加上 H7N9 病毒暴发及生猪价格低迷等的影响，2017 年公司营业收入同比减少 25%，利润同比下降 50% 以上。

公司一直延续的营销方式走不通了，于是开始变革营销方式。

W 公司对外调研市场，了解疫苗市场的发展趋势和竞争对手的营销模式，收集客户对公司产品的建议；对内梳理产品结构，盘点人才，了解员工工作状态。W 公司边找问题边改进，边找机会边尝试，最终确定了以大单品销售、集团客户优先、"技术＋服务"的营销战略。

细分市场

W 公司对客户进行细分，把客户分为政府采购、省市级经销商、大型养殖集团和大型养殖场、出口企业四类。

四类客户中，优先开发大型养殖集团和大型养殖场。W 公司调研时发现，我国生猪规模化养殖集中度不断提升，大型养殖集团和大型养殖场疫苗采购量大且相对稳定，进入大型养殖集团和大型养殖场有利于提升公司品牌知名度，同时便于开发中等规模的养殖场和经销商。从公司的实力来看，公司产品质量较高且工厂硬件设施刚改造完，具备开发大型养殖集团和大型养殖场的基础条件，于是公司成立了大客户开发部。

在区域选择上，W 公司重点开发东北三省、河南省等养殖大省，建立以大区为中心、辐射周边的营销格局，力争做到区域市场占有率前三名。

针对中小型养殖场的技术服务需求，公司采用"技术＋服务"的营销策略。

细分产品

W 公司细分产品结构，把现有的三十多个品种、八十多个规格的疫苗产品，分为猪用、禽用、牛羊用及犬用疫苗四大类。

猪用疫苗市场容量大（如猪圆环病毒疫苗是兽用疫苗市场容量最大的产品之一），加上 W 公司在猪用疫苗上的研发投入最多，产品具有较强的市场竞争优势。于是，公司确立了以猪用疫苗为主，打造猪用疫苗大单品，禽用、牛羊用及犬用疫苗为补充的营销策略。

细分产品时，一定要打造大单品（或者要有主打产品）。根据二八定律，公司 80% 甚至更高的销售收入，可能是由 20% 的产品贡献的。W 公司或许正是看到了这一点，才提出了打造大单品的计划。

细分团队

因猪用、禽用、牛羊用及犬用疫苗所需的专业知识和面对的客户群体不同，W 公司细分团队，四大类产品的营销由不同团队负责。为引导营销人员重点开发猪用疫苗和打造四个大单品，公司在销售政策上予以很多支持。

改变的过程是艰难和痛苦的，但改变成果显现时一切都是值得的。2021 年 W 公司营业收入相比 2017 年增长了 143%，猪用疫苗收入占总营业收入的 80% 以上，有四个单品的年销售额超过千万元，大型养殖集团采购总额占到总营业收入的 60% 以上。W 公司实现了由"政府采购为主，市场销售为辅"向"市场销售为主，政府采购为辅"的过渡。

利润多少看运营

对投资者来说，追求投资回报最大化，也就是提高净资产收益率（ROE）至关重要。ROE 等于净利润除以净资产，可见，净利润越高，净资产越少，ROE 越高，企业经营者的目标，也就是用最少的投资，获得最大的回报。这也是巴菲特高度关注企业 ROE 长期增长状况的原因。

无论是企业还是个人，投资回报的持续增长都是解决许多问题的根本。企业对外要为客户持续创造价值，因此需要内部资源的支持。比如客户需求更加多样化了，企业要满足多样化需求，就要投入研发资金、开发新产品。与此同时，企业对内需要面对员工不断增长的物质和文化需求，也需要投入更多的资源。总之，企业存在的问题，很多都可以通过业绩增长来解决；反之，不能增长的企业，很多问题都会暴露出来。

如何实现净利润增长呢？如何用最少的投资获得最大的回报呢？这就和企业的运营管理息息相关了。

运营管理的语言

财务报表是企业运营管理的语言，为了读懂这门商业语言，下面举例讲解财务报表。

某夫妻俩经营一个小型养鸡场，2022年6月1日成立，主要是购买鸡苗育肥后销售，6月1日～8月31日主要发生的经营活动如下。

企业筹备期

（1）设立公司：6月1日，设立公司，股东认缴100万元，实际出资70万元。

（2）银行贷款：6月1日向银行借款30万元作为流动资金，贷款期限6个月，年利率5%。

（3）租赁土地：6月11日获得一块土地的使用权，期限10年，30万元租金一次性缴付。

（4）购买设备及办公用品：截至6月30日，分批购买养殖设施和设备、办公家具、运输车辆，进行宿舍装修等，支出20万元（暂时不计提折旧），用银行存款支付。

企业运营期

（5）购买鸡苗：7月1日，购买鸡苗支出2万元（采购鸡苗1万只，每只2元），养殖45天出栏。

（6）购买生产物资：7月购买饲料、疫苗等生产物资支出8万元，8月购买生产物资支出8万元，当月使用生产物资价值3万元。

（7）支付工资：6月开始，支付管理人员工资、行政开支5万元/月，7月开始，支付生产人员工资2万元/月。

（8）支付财务费用：6月开始，每月向银行支付利息

1 250 元（为方便理解，假设每月底向银行支付利息）。

（9）支付销售费用：8 月为销售成鸡支付销售费用 1.5 万元。

（10）销售成鸡：8 月 15 日销售成鸡，死亡淘汰率 2%，市价 9 元 / 千克，出栏均重 2.75 千克，实现销售收入 24 万元。

（11）养鸡不缴增值税。

经过一个月的筹备和两个月的运营，夫妻俩想知道：养鸡场的资产状况怎么样？有没有赚钱？账上还有多少钱？

这三个问题对应的运营管理语言分别是资产负债表、利润表和现金流量表。所以这三张报表是企业运营状况的真实反映，资产负债表反映养鸡场的资产状况，也就是我们常说的家底如何；利润表反映养鸡场从 7 月 1 日开始购进鸡苗到 8 月 15 日把成鸡卖出去，这一个经营期内养鸡场是否挣钱；现金流量表反映经营期内，支出的现金、收入的现金以及还剩多少现金。养鸡场一旦开始养鸡，这三方面是企业老板最想了解和掌握的情况。

为了让业务各异的企业有同一套交流经营状况的语言，国家主管部门（我国是财政部会计司）负责制定各个企业都遵守的会计准则，所有域内企业都遵守这个准则，来记录和反映自己企业的经营状况，这样就有了行业通用的三张报表和各种会计附注。

资产负债表

顾名思义，资产负债表是反映企业的资产、负债和所有者权益的表。三者之间的关系是：

$$资产＝负债＋所有者权益$$

资产负债表反映的是一个时点的状况，形象地说，就是在某个需要关注企业资产和负债的时点，用相机照一下养殖场的全部资产和负债情况。该养鸡场6月1日向银行借款30万元的那个时刻，总资产变成了100万元，其中70万元是自筹，30万元是借款。6月1日这一天的资产负债表为总资产100万元，负债30万元，所有者权益（股东权益）70万元。

6月1日养鸡场还没有开始养鸡，所以都是现金。随着时间推移，100万元的现金改变了用途：一是要用于购买鸡舍、办公家具等使用期限超过（含）1年的资产，会计学里把这部分资产叫非流动资产；二是要用于购买饲料、疫苗和药品等生产资料，会计学里把使用时限在1年以内的这部分资产叫流动资产。此时资产就以非流动资产和流动资产两种形式存在。

负债也类似，偿还期在1年内的负债就是流动负债，超过1年（含）的负债就是非流动负债。

所有者权益包含了所有股东的权益，在养鸡场案例里则是指70万元资本金，还有经营周期的利润累积。

会计根据业务性质不同，将这些资产列示在资产负债表不同的科目位置。以下是6月30日当天，该养鸡场的资产负债表（见表2-1）。

表 2-1　资产负债表（6 月 30 日）

（单位：万元）

资产	期末余额	负债和所有者权益（或股东权益）	期末余额
流动资产：		流动负债：	
货币资金	44.875	短期借款	30
应收账款		应付账款	
预付款项		应付职工薪酬	
存货		流动负债合计	30
流动资产合计	44.875	非流动负债：	
非流动资产：		长期借款	
长期股权投资		应付债券	
固定资产	20	非流动负债合计	0
无形资产	30	负债合计	30
生产性生物资产		所有者权益（或股东权益）：	
非流动资产合计	50	实收资本（或股本）	70
		资本公积	
		盈余公积	
		未分配利润	−5.125
		所有者权益（或股东权益）合计	64.875
资产总计	94.875	负债和所有者权益（或股东权益）总计	94.875

单位负责人：　　　　财务负责人：　　　　　　　　　　制表人：

　　到 8 月 31 日，资产负债表（见表 2-2）又发生了变化，但下面的等式始终没有发生变化：

　　资产（流动资产＋非流动资产）＝负债（流动负债＋非流动
负债）＋所有者权益（实收资本＋未分配利润＋其他权益）

表 2-2　资产负债表（8 月 31 日）

（单位：万元）

资产	期末余额	负债和所有者权益 （或股东权益）	期末余额
流动资产：		流动负债：	
货币资金	35.125	短期借款	30
应收账款		应付账款	
预付款项		应付职工薪酬	
存货	5	流动负债合计	30
流动资产合计	40.125	非流动负债：	
非流动资产：		长期借款	
长期股权投资		应付债券	
固定资产	20	非流动负债合计	0
无形资产	30	负债合计	30
生产性生物资产		所有者权益（或股东权益）：	
非流动资产合计	50	实收资本（或股本）	70
		资本公积	
		盈余公积	
		未分配利润	−9.875
		所有者权益（或股东权益）合计	60.125
资产总计	90.125	负债和所有者权益（或股东权益）总计	90.125

单位负责人：　　　　　　　财务负责人：　　　　　　　制表人：

　　所以说，资产负债表反映的是企业在某个时刻有多少总资产，这些资产里面有多少是借来的（负债），有多少是自家的（所有者权益）。

利润表

　　辛辛苦苦养了两个月的鸡，是否赚到了钱？这恐怕是养殖场最关心的问题。这就需要通过利润表（又称收益表）反映出来，利润表反映了企业在一个时间段里的经营成果。

　　计算这家养殖场是否赚到了钱，可以用销售收入减去消耗的成本，刨除管理费用、销售费用和财务费用（通常是借款的利息）等，再减去交给国家的税金，剩下的是净利润，也就是养鸡场赚的钱。用公式表示为：

$$净利润＝收入－成本－费用－税金$$

　　养鸡场 8 月的利润表反映了其在 8 月 1 日～ 8 月 31 日这个时间段的经营成果。8 月养鸡场的收入 24 万元，减去成本 17 万元，减去费用 6.625 万元，再减去税金（这里为 0），得到 8 月净利润 0.375 万元（见表 2-3）。

表 2-3　利润表（2022 年 8 月）

（单位：万元）

项目	本期金额
一、营业收入	24
减：营业成本	17

（续）

项目	本期金额
营业税金及附加	
销售费用	1.5
管理费用	5
研发费用	
财务费用	0.125
加：其他收益	
投资收益（损失以"－"号填列）	
二、营业利润（亏损以"－"号填列）	0.375
加：营业外收入	
减：营业外支出	
补贴收入	
汇兑损益	
三、利润总额（亏损总额以"－"号填列）	0.375
减：所得税费用	0
四、净利润（净亏损以"－"号填列）	0.375

单位负责人：　　　　　财务负责人：　　　　　制表人：

现金流量表

现金是一般等价物，是商品交换的媒介，也就是说拿现金可以购买养鸡场中需要的饲料、药品，支付工资等。企业时刻需要现金，现金是企业的血液。现金流量表便是用来记录企业现金流入和流出情况的表。

企业的"现金状况"是企业管理者非常关注的指标,"现金状况"就是企业账上的现金余额,余额等于流进企业的现金减去流出企业的现金的差额。用公式表示为:

$$现金净额＝现金流入－现金流出$$

现金流入主要包括产品销售收入、借的现金和其他渠道(比如上市融资)流入的现金,所有的现金流入加总在一起就是现金流入总额。

现金流出是企业各种现金支出的总额,包括采购原材料、支付工资和缴纳国家税金等。在现金的蓄水池中,流入的现金应大于流出的现金,否则就要消耗蓄水池里存下来的现金,直到消耗完所有现金。企业现金枯竭,就如人流干了血液。

接下来我们看一下这家养鸡场8月的现金流量表(见表2-4)。第一项活动是"经营活动产生的现金流量",养鸡场8月现金流入为销售肉鸡的24万元,计入"销售商品、提供劳务收到的现金";8月购买生产物资花费8万元,计入"购买商品、接受劳务支付的现金";支付职工薪酬7万元,计入"支付其他与经营活动有关的现金";销售费用1.5万元,计入"支付其他与经营活动有关的现金"。第二项活动是"投资活动产生的现金流量",养鸡场在8月不涉及投资,所以没有现金流入或流出。第三项活动是"筹资活动产生的现金流量",每月支付的银行利息1 250元,计入"分配股利、利润或偿还利息所支付的现金"。

表 2-4   现金流量表（2022 年 8 月）

（单位：万元）

项目	本期金额
一、经营活动产生的现金流量：	
销售商品、提供劳务收到的现金	24
收到的税费返还	
收到其他与经营活动有关的现金	
经营活动现金流入小计	24
购买商品、接受劳务支付的现金	8
支付给职工以及为职工支付的现金	7
支付的各项税费	
支付其他与经营活动有关的现金	1.5
经营活动现金流出小计	16.5
经营活动产生的现金流量净额	7.5
二、投资活动产生的现金流量：	
收回投资收到的现金	
取得投资收益收到的现金	
处置固定资产、无形资产和其他长期资产收回的现金净额	
收到其他与投资有关的现金	0
投资活动现金流入小计	0
购建固定资产、无形资产和其他长期资产支付的现金	0
投资支付的现金	
支付其他与投资活动有关的现金	
投资活动现金流出小计	0
投资活动产生的现金流量净额	0

（续）

项目	本期金额
三、筹资活动产生的现金流量：	
吸收投资收到的现金	
取得借款收到的现金	0
收到其他与融资活动有关的现金	
筹资活动现金流入小计	0
偿还债务支付的现金	
分配股利、利润或偿付利息支付的现金	0.125
支付其他与融资活动有关的现金	
筹资活动现金流出小计	0.125
筹资活动产生的现金流量净额	−0.125
四、汇率变动对现金及现金等价物的影响	
五、现金及现金等价物净增加额	7.375
加：期初现金及现金等价物余额	27.75
六、期末现金及现金等价物余额	35.125

单位负责人：   财务负责人：   制表人：

三张报表之间的关系

前面说到，在资产负债表中"流动资产"下面有一项是"货币资金"，而"货币资金"这一项和现金流量表中的"期末现金及现金等价物余额"相等。在资产负债表中"所有者权益"下面有一个"未分配利润"，这个数来自哪里呢？当然是来自各期利润表中的"净利润"。

综上，资产负债表中的"未分配利润"来源于各期利润表中的"净利润"的累加，再减去已分配给股东的利润和可能的其他调整。现金流量表中的"期末现金及现金等价物余额"等于资产负债表中的"货币资金"。现金流量表中的"期末现金及现金等价物余额"等于资产负债表中的"货币现金"，这就是三张报表的钩稽关系。

三张报表相互关联，资产负债表是企业的"底子"，现金流量表是企业的"里子"，利润表是企业的"面子"。有些上市公司的利润表上反映有利润，但过两天就发不出工资了，这就是为什么好多公司的面子好看，里子不好看。所以，大家要去看企业的底子和里子，别被它的面子迷惑。

如何从经营角度提高净利润

企业运营就是要不断争取更多净利润，净利润的来源可以从其构成要素中寻找。前面谈到过，企业净利润等于收入减去成本、费用和税金，而收入等于价格与销量的乘积。所以企业净利润可以用以下公式表示：

净利润＝收入（销量 × 价格）－成本－费用－税金

根据上面的公式，企业要实现净利润最大化，从财务的角度就只有四个途径：提高价格、增加销量、降低成本、控制费用。理论上还有纳税筹划一说，但实际上企业面对国家税收政策是平等的，即使因为记账方法不同，同样的收入可能应缴税额不同，但随着国家对税收监管的加强，纳税筹划的空间越来越小。企业增加净利润的途径就是以上四项。

销量和价格主要由企业销售部门决定，成本主要由生产单元管理，费用跟人的行为高度相关。看上去，三者都是由各个部门负责的，但凡是有企业管理经验的人都知道，企业是一个复杂的系统，企业各个部门既要完成组织赋予的职责，还要与其他部门相互配合，减少部门摩擦。企业整体协调能力最终都会反映在企业的利润表中，企业的运营能力就是一种协同配合能力，它让企业这个系统消耗最小，产出的净利润最大（见图2-7）。

生产要素　　　　运营能力　　　　净利润

图 2-7　企业运营系统

企业只关注一批鸡的净利润是否就够了呢？不够。养鸡场要想在全年挣更多钱，还需要让养的批次越多越好。假如每批鸡挣的钱一样，每增加一批就多挣一批的钱，这就要提高资产周转率，提高资产周转率表示提高了资产的利用效率。比别的养鸡场多养一批鸡，不是简单的事，需要在鸡苗购买、养殖期限、空场期、售卖周期等生产和销售环节周密安排，才可能在一年时间中挤出多养一批鸡的时间。

　　从以上分析可知，企业的利润来自两个方面，一是单次资产的产出效率，就是每批鸡的养殖效率；二是资产周转率，周转率越高，资产利用效率就越高，企业利润堆积就越多。这就是著名的杜邦公式：

净资产收益率（ROE）＝净利润率 × 总资产周转率 × 权益乘数

　　在杜邦公式中，净利润率等于净利润除以收入，净利润率的高低反映了企业的运营能力。对养鸡场来说就是每批鸡的养殖状况，及其对应的盈利能力。

　　总资产周转率等于收入除以总资产（通常用期初与期末的总资产平均额），反映了资产的周转次数，进而反映了资产利用效率。

　　权益乘数等于总资产除以净资产（也称为股东权益总额），权益乘数也等于1÷（1－资产负债率），反映了企业运用外部资金（负债）的能力。

　　图2-8形象化地展示了各个财务指标的关系。

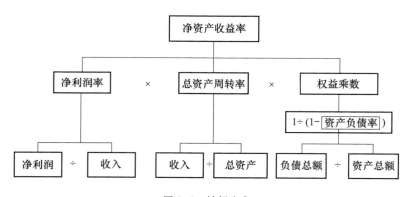

图 2-8　杜邦公式

我们根据杜邦公式，测算一下养鸡场8月的ROE（此处只是演示计算方法，案例中的很多指标简化了，实际情况会更为复杂）：

净利润率＝净利润（0.375）÷收入（24）×100%＝1.56%；

总资产周转率＝收入（24）÷总资产（89.937 5）＝0.27，此处的总资产＝（8月初总资产＋8月末总资产）÷2＝89.937 5；

权益乘数＝1÷（1－资产负债率）＝1÷（1－负债总额÷总资产）＝1÷（1－30÷89.937 5）＝1.50；

所以，ROE＝净利润率×总资产周转率×权益乘数＝1.56%×0.27×1.50＝0.63%。养鸡场8月的ROE为0.63%。

如何从管理角度提高运营效率

前面谈到，企业的财务数据反映了企业经营的结果，改善企业经营状况要从经营活动入手。但是企业的经营活动包括人财物和供产销等多个等环节，如何从复杂的经营系统中抓住关键呢？重要的是抓住以下四个流（见图2-9）。

物流： 所谓物流，是实物从采购、生产到销售的全过程流动。产品实物的流动就叫物流，与我们常说的物流有所不同。有管理专家把企业内部物的流动称为供应链，对物流的管理就是供应链管理。企业通过系列管理措施，加快物的流动，以此提高供应链效率，就能降低原材料采购成本、生产成本、产品运输成本等，从而加快产品的周转速度，进而提高企业资产的使用效率。

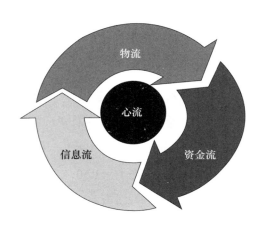

图 2-9　"四个流"的流动

资料来源：引自丰田模式资深研究及咨询专家赵城立博士，译有《回归原点：丰田方式的管理会计》《丰田现场的人才培育：丰田现场的人才培育》等书。

资金流：从运营的角度来说，资金是企业的血液，是企业内部各种价值转换的媒介。资金也是流动性最好的资产。企业的产品通过销售，从实物形态转换成货币，货币在购买原材料后，再次转换成实物。资金的占用成本就是利息，资金周转速度越快，占用时间越短，资金成本就越低。所以任何一家企业都期望加快资金周转速度，从而提高资金使用效率。

如何提高资金周转率，是企业管理的重要内容。一般情况下，企业要把资金的支付、占有和回笼构成的资金闭环，梳理出关键环节，计算资金在各个环节的停留时间，再疏通资金闭环的堵点，从而提高资金使用效率。比如，为减少原材料采购的资金占用，可以对采购的品种、地域、周期、数量等进行综合管理，将供应商纳入企业管理体系，与企业生产和销售环节联动，从而最大限度地降低库存，减少存货对资金的占用，提升资金使用效率。

信息流：无论是物流还是资金流，都会因为流动而产生信息。比如一笔从账上支付给员工的工资，该资金的流动过程就形成了一个信息链。首先企业的库存现金减少了一笔资金，会在企业信息系统里留下一笔记录，其次企业的开户银行在支付这笔资金时留下一笔记录，最后企业把工资支付给员工时也会留下一笔记录，以上三笔记录就是三个信息节点，串联起来就是一个信息链。

以此类推，企业的产品在流动过程中，每个环节都会留下信息记录。信息流就是物流、资金流和人流的流动记录，这些信息流被收集起来，便构成了企业的信息集合。对这些信息进行加工处理，不仅可以更加准确地把握企业的实时运营状况，还可以把信息加工成果运用到优化企业经营活动中，从而提升企业运营效率。

心流：所谓心流是指人与人在沟通过程中传递的信息和感觉，信息是可以呈现的，而感觉只可靠彼此感知而不可呈现。如果信息是理性的，那么感觉就是感性的。前者可以言说，后者只能意会。两个素不相识的人第一次见面，常常会说彼此感觉不错，男女一见钟情或许也是这种感觉。

在一个组织之中，心流是组织成员都可以感知到的一种氛围。在一个和谐的组织里，人人都感觉到一种温暖，一种只可意会不可言传的舒适感，这就是一种心流。人是管理的起点，也是管理的终点。心流这种看不见但感受得到的气息，在组织里对提升组织效率起到非常重要的作用。心流也是企业文化的反映，健康的企业文化产生积极的心流，反之产生消极的心流。

综上，人是驱动企业运营的根本力量。物流、资金流和信息流是在人的驱动下产生的，所以心流是企业提升运营效率的关键抓手，处在其他三个流的中心。

当然，上面只是提供了企业运营管理的基本维度，把复杂的运营管理，总结为几个清晰的要点。具体如何提高每一个流的效率，要结合企业的具体情况，分别制定详细的方法。在提升运营管理的具体技术中，会涉及采购管理、生产管理、库存管理、需求预测、产销衔接等内容。

需要说明的是，这四个流并不是孤立的，而是相互关联的，物流是基础，资金流是媒介，信息流是记录，心流是感知。四流联动，交相呼应，企业运营才可能出现生机勃发的局面。

丰田是汽车行业中盈利能力最强的企业之一，在 2021 年前是全球唯一一家净利润超过千亿元的汽车制造企业。

丰田也是把"四流联动"运用得最成功的企业之一。丰田实行精益生产，不断改善每一个运营细节，比如发明精益工具

"5S"（整理、整顿、清扫、清洁和素养）；实行小批量生产，把生产闲置的时间缩到最短；库存量极少，最大限度地提高资产周转率。

在丰田，"心流"才是驱动物流、资金流、信息流各自运转起来的核心。丰田公司认为员工的潜力是无穷的，哪怕是学历很低的员工，经过日积月累的训练，也可以成为专家。在生产过程中，一旦发现问题，就停下来共同解决问题。丰田公司尊重一线员工，增强了员工的归属感，员工之间形成了某种心理默契，减少了工作中的冲突，沟通更加顺畅。外界学习丰田模式，可以学到有形的精益生产方法工具，但是如何让员工产生"心流"却很难学会。丰田公司员工之间产生"心流"与日本独特的文化环境有关。从丰田模式中，可以看到"心流"在提升运营管理效率中的关键作用，即注重发挥个体的作用，让个体之间紧密配合。

如何评价企业的运营状况

利润表分析法

随着财务会计学的发展，评价企业运营状况的财务指标越来越多，投资人可以从更多维度关注企业的发展。但是企业财务指标具有滞后性，财务数据反映的是已经发生的经营活动。想要对当下经营情况进行深入分析，并对未来做出趋势性判断，利润表分析法是一个很好的工具。

什么是利润表分析法呢？前面谈到过，企业的利润总额等于收入减去成本和费用，利润表分析法就是通过分析企业当月的收入、成本和费用，找出三项指标背后的原因，并在日后的经营活动中及时采取相应的措施。比如如果当月营业收入突然减少，企业就要深入分析销售、生产、产销衔接、物流等内部原因，还要分析客户变化、市场竞争等外部原因，以此为基础，提出有针对性的措施。以此类推，成本和费用的变化，都要做深入分析。

生产成本变化产生在生产环节，而三项费用（销售费用、财务费用、管理费用）都跟人的行为相关，所以有财务专家说，三项费用是管理的行为成本。比如企业召开半年会，在办公室召开，会比在宾馆召开少了会议室租用费等费用，这部分费用会记在企业管理费用之中。再比如领导去拜访客户，如果乘坐飞机，购买飞机票的费用需要计入销售费用，选择头等舱还是经济舱，销售费用也会有所不同。

利润表分析法的关键是找到收入、成本和费用三者之间的因果关系，透过财务数据看到企业经营状况并进行改善。

我多年以来一直使用利润表分析法，每个月让财务部门负责人按照以下格式写财务分析报告。

第一，分析收入的构成。不只是简单地分析每类产品的收入总额，还要分析每个区域每类产品的收入，分析这个月的收入和往年同期、当年上期收入的对比。

分析利润的构成，分析这个月利润是增加了还是减少了，以及变化背后的原因。

第二，分析成本的构成。成本最好分成可变成本和不可变成本。根据多年积累的数据，构建企业主要产品的标准成本，把短期成本与长期成本进行比较，便于查找变动的原因，从而采取有针对性的措施。

第三，分析费用的构成。分析三项费用是如何构成的，费用是如何变化的。三项费用背后是管理行为的成本，每种花费计入哪个项目，在财务上有一套标准，所以，要清楚每项费用背后反映的管理行为。要管好三项费用，建议做好全年预算。

在看财务分析报告时，我不看常规数据，专门看有异动的数据。比如每个月的收入增长都是20%，这个月突然只增长了5%，我会马上去找原因；突然增长40%，我也会去找原因。

财务人员是顺向做账，将经营数据归集起来，从记账凭证到分类账，再从分类账到总账，最后汇集成三张报表。企业管理者是从企业经营的结果逆向寻找产生该结果的原因，进而采取相应的措施。财务人员是"由因寻果"，管理者是"以果寻因"。一个优秀的财务人员要站在管理者的角度，善于从财务的结果中发现产生该结果的原因，并提示管理者采取相应的改进措施加。

评价企业运营状况的四大指标

有的企业收入很高，但没有利润；有的企业收入不是很高，但利润很好；有的企业很挣钱，但是负债率太高。企业运营状况是企业负责人非常关心的问题，那如何评价企业的运营状况呢？财务专家提炼了以下四个维度评价企业运营状况与大家分享。

一是盈利能力。盈利能力反映企业赚取利润的能力，重要的指标是企业的净利润率。净利润率等于净利润除以收入，也就是卖产品的所有收入中，有多大比例是刨除所有成本费用后企业最后得到的。比如收入是 100 万元，净利润是 20 万元，那么净利润率就是 20%。如果净利润只有 10 万元，那么净利润率只有 10%。

二是营运能力。营运能力反映企业资产的使用效率，重要的指标是总资产周转率。总资产周转率等于收入除以总资产。比如企业总资产 1 亿元，收入 2 000 万元，那么总资产周转率就是 0.2，如果收入变成了 4 000 万元，总资产周转率就变成了 0.4。在企业总资产不变的前提下，收入越高，表示资产使用效率越高，总资产周转率就越高。

三是成长能力。企业是否在成长，重要的是看其利润增长情况，如果企业的利润环比或同比都是增长的，那么企业在成长。企业上市的时候还会将未来若干年的盈利预测折现，权威机构以此为依据对企业进行估值。

四是偿债能力。前面我们讲过，企业不仅用自己的资本经营，而且会向银行等机构借钱发展，或者通过公开发行股票的方式直接融资。对债权人来说，关心的是企业能否还上所欠的债务。衡量偿债能力最常用的指标是企业的资产负债率，企业资产负债率等于负债除以总资产。资产负债率越高，表示企业债务水平越高。比如资产负债率为 70% 是什么意思呢？这表示企业账上 100 元，有 70 元是从债权人手里借来的。

优秀企业常常会设定企业的最高资产负债率，一旦接近最高资产负债率，宁可牺牲一些发展速度，也要把资产负债率控制在合理水平。资产负债率究竟多少合理，要由企业所处行业、企业发展阶段、企业资产周转率、应收账款的状况等多项指标确定。

综合来看，评价企业运营能力水平，就看四个方面：第一看企业赚钱的能力，第二看企业运营效率的高低，第三看企业未来有没有成长空间，第四看企业能不能还得起债权人的钱。

相对应的四个指标相互联系，不同行业、不同企业对四个指标的关注程度是不同的，应结合实际情况选择恰当的指标。比如，低毛利的行业，要更加注重资产周转率。

农业企业运营管理的关键节点

农业企业数量庞大，横跨的细分领域众多，管理基础参差不齐，因此运营管理更应简单化、透明化，一切以提高效率为核心。具体来说有以下关键节点。

　　记账准确是基础。会计的主要任务是把企业经营活动产生的财务数据准确、及时并完整地记录下来。记账的准确性是会计的生命，有差错的财务数据将直接导致错误的经营决策。农业企业的会计在存货盘点、生物资产认定等方面都有不同于其他企业的特殊要求，要在符合会计准则的基础上，掌握农业企业会计的特殊性，真实反映企业运营状况。

　　用财务分析指导企业的经营决策。对企业每个月的财务分析报告，最好按照前面谈到的利润表分析法，分析每个月收入的构成、成本的变化和费用的变动情况，找到变动背后的原因，及时采取经营管理措施，确保企业经营走在健康的轨道上。许多企业家不注重短期的财务分析，对财务反映出来的问题视若无睹，直到年底才重视财务指标的差异，自然为时已晚。财务分析最好每个月进行一次，以便及时发现问题及时调整。

　　构建高效的供应链。农业企业的供应链，直接关系到企业产品流动的全局，前端的采购环节是供应链的起点，中端的生产环节是各种生产要素的重构之地，后端的营销环节则是企业回笼资金的关键环节，三个环节的联动构成了企业供应链运营。

　　生鲜行业具有低毛利、高损耗、流通环节长的特点，非常考验企业的供应链管理能力。生鲜传奇是一家起源于安徽合肥，具有代表性的社区生鲜连锁企业，和大部分生鲜电商不同的是，生鲜传奇把自己定位为"小区门口更好的菜市场"，并借助数字化技术建设高效供应链。

一是源头直采，生鲜传奇使用折叠筐进行菜品的转运。从基地直接把菜品装入折叠筐，运输后到达门店，折叠筐减少了中间转运带来的损耗。据创始人介绍，折叠筐每年给企业带来1 000多万元的收益。

二是搭建供应链管理软件"哪吒系统"。可以实时反映各类产品的销售、库存情况，门店、物流、采购实现紧密配合。

通过供应链数字化，生鲜传奇的动销率（商品累积销售数除以商品库存数）达到100%，这意味着其库存量已经降到非常低的水平。

上面只是生鲜传奇供应链管理的一小部分。生鲜传奇用制造业的方法做农业，使各个环节相对标准化，借助数字化技术提升供应链管理能力。生鲜作为非标产品，并不意味着没有标准，生鲜传奇采用的折叠筐便是把供应链管理标准化的一个动作，提升了整个供应链效率。

心流在农业企业运营中格外重要。农业企业大多是城乡的连接载体，多元的人员构成容易形成企业运营的内部壁垒，众多的细分领域容易形成行业壁垒，因此农业企业更需要畅通心流，激发员工的内在驱动力，发挥每个员工的聪明才智。

用好税收政策。农业企业享受许多免税政策和政策补贴。如何用好相关政策，需要专业的人做专业的事。在税收监管制度日益完善的背景下，纳税筹划的前提是遵守国家相关法规。

中国的农业补贴从 2004 年正式开始实行，按照补贴的方式，可以分为直接补贴和间接补贴两类。直接补贴是指补贴资金直接发放给农业生产者，包括农作物良种补贴、种粮农民直接补贴和农资综合补贴。

每一年中国财政部、农业农村部会联合发布重点强农惠农政策，这代表了当年农业政策的主要支持方向。2022 年的重点强农惠农政策包括九个大类、三十四个小类。这些政策是框架性的，农业企业可以通过当地农业农村局了解更详细的政策（见表 2-5）。

表 2-5   2022 年重点强农惠农政策

大类	小类
粮食生产支持	实际种粮农民一次性补贴
	农机购置与应用补贴
	重点作物绿色高质高效行动
	农业生产社会化服务
	基层农技推广体系改革与建设
	玉米大豆生产者补贴、稻谷补贴和产粮大县奖励
耕地保护与质量提升	耕地地力保护补贴
	高标准农田建设
	东北黑土地保护
	耕地质量保护与提升
	耕地轮作休耕
	耕地深松

（续）

大类	小类
种业创新发展	种质资源保护
	畜牧良种推广
	制种大县奖励
畜牧业健康发展	奶业振兴行动
	粮改饲
	肉牛肉羊增量提质行动
	生猪（牛羊）调出大县奖励
农业全产业链提升	农业产业融合发展
	农产品产地冷藏保鲜设施建设
	农产品地理标志保护工程
新型经营主体培育	高素质农民培育
	新型农业经营主体高质量发展
	农业信贷担保服务
农业资源保护利用	草原生态保护补助奖励
	渔业发展补助
	绿色种养循环农业试点
	农作物秸秆综合利用
	地膜科学使用回收
农业防灾减灾	农业生产救灾
	动物疫病防控
	农业保险保费补贴
农村人居环境整治	因地制宜推进农村改厕

资料来源：农业农村部官网。

在此梳理了农业企业增值税、所得税优惠条件（见表 2-6）。

表 2-6　农业企业增值税、所得税优惠条件

税收类别	优惠内容	政策依据
免征企业所得税	（1）农、林、牧、渔生产环节 （2）灌溉、农产品初加工、兽医、农技推广、农机作业和维修等农、林、牧、渔服务业项目	（1）《中华人民共和国企业所得税法》第二十七条第（一）项 （2）《中华人民共和国企业所得税法实施条例》第八十六条第（一）项、第（二）项 （3）《财政部 国家税务总局关于发布享受企业所得税优惠政策的农产品初加工范围（试行）的通知》（财税〔2008〕149号）
减半征收企业所得税	（1）从事花卉、茶以及其他饮料作物和香料作物的种植 （2）海水养殖、内陆养殖	（4）《财政部 国家税务总局关于享受企业所得税优惠的农产品初加工有关范围的补充通知》（财税〔2011〕26号） （5）《国家税务总局关于实施农、林、牧、渔业项目企业所得税优惠问题的公告》（2011年第48号）
免收增值税	（1）农业生产者销售的自产农产品免征增值税 （2）生产销售和批发、零售有机肥产品 （3）提供农业机耕、排灌、病虫害防治、植物保护、农牧保险以及相关技术培训业务，家禽、牲畜、水生动物的配种和疾病防治，免征增值税	（1）《财政部 国家税务总局关于有机肥产品免征增值税的通知》（财税〔2008〕56号） （2）《财政部 国家税务总局关于全面推开营业税改征增值税试点的通知》（财税〔2016〕36号）附件3《营业税改征增值税试点过渡政策的规定》第一条第（十）项

资料来源：国家税务总局。

　　前面对农业企业的运营做了全面阐述：会计报表是企业运营成果的记录，要求准确及时；企业运营的好坏通过四类指标反映出来；以财务的手段，及时发现企业运营中的问题，并采取相应的管理措施，才是企业财务管理的目的。无论是从运营入手，还是从人的管理入手，都是为了提高运营效率，实现商业成功，使企业持续健康发展。

第三章

农业企业家如何带领团队

    如果说第二章讨论的是经营问题，即企业如何获取利润，那么本章讨论的就是管理问题，即企业如何解决人的问题。第二章我们见"物"未见人，本章我们见"人"不见物。之所以这么安排，是我们期望在一章里只聚焦一个管理主题，从不同的维度把这个主题讲透。

农业企业家的修炼

农业企业管理的起点在哪里?

每个管理者都有不同的答案。根据我对大量农业企业的观察,有的企业风生水起,有的企业原地踏步,有的企业快速失败,背后的影响因素非常多。如果把各种因素归集起来,逐条剔除,只剩下一条,那就是人的因素。

正如原中化集团董事长宁高宁所说,"人是管理的全部"。企业把人集合起来,加上土地、资金、技术、设备等资源,组成"1+N",人发挥核心作用。人如果没有组织起来就是一盘散沙,那么是谁把人组织起来呢?当然是组织的负责人,也就是企业管理者。为了讨论方便,在这里我们把企业家都视为企业管理者。

企业家是人,是人就具有人性的普遍特点。他们与员工一样有喜怒哀乐,有柴米油盐的生活,有悲欢离合的人生经历,有自我实现的期望,还有不愿对别人说的隐私。我看到很多企业家,成功之后只愿意呈现自己光鲜亮丽的一面,不愿意承认自己具有人的普遍特点，这样的企业家通常都还没有走出自我。

　　企业家与员工也有很多不同。企业家要承担复杂的管理任务，担当不同于普通员工的责任。企业是企业家的投影，企业家是企业的化身。企业家的认知能力、抗压能力、想象力、内驱力都异于常人，这些优秀品质在管理企业的过程中都会被无限放大。同样，他们性格中的弱点也一样会被放大。

　　在企业里，企业家作为企业的引领者发挥着最核心、最关键、最根本的作用，企业家的眼界决定企业的境界，胸怀决定企业的发展空间，判断力决定企业的决策水平，管理能力事关企业的绩效水平。所以，企业家的价值是企业财富的重要组成部分。

　　企业管理不是从管理员工开始，而是从企业家管理自己开始的，本书重点讨论企业家的自我管理。

自我觉察

　　企业家是承担企业管理职责的人，从表面看，管理就是发号施令，非常简单。但是，只要有一点管理经验的人，都会觉得管理难以把握。人本身就非常复杂，要把一群性格各异、才能不同的人组织在一起，为了一个共同的目标奋斗，就更加不容易。

　　正如家长并不是做好准备了才成为家长，而是孩子一诞生就"荣升"为家长一样，管理者也是因为被赋予了管理职责才成为一名管理者的。没有经验的家长，通过与孩子相处，慢慢知道自己的角色和职责，逐渐成为一个合格的家长。据说日本、韩国有大量教育年轻夫妇如何成为合格家长的学校，这对年轻家长及其子女的成长都非常好。

与此相反，培训管理者的机构很多，比如各个大学的商学院，还有众多的培训机构。但是什么样的培训课程、培训方式以及培训师资才能把完全没有管理经验的人培训成"合格"的管理者呢？像家长是否合格需要用孩子的成长状况来证明一样，管理者是否合格需要用企业的发展成果来证明。

家长可以通过交流学习来提高教育子女的能力，管理者也可以通过交流学习、总结经验以及自我反省来提高管理能力。管理者可以在承担管理职责之前学习管理，这时的学习主要通过书本、与其他管理者交流，但他们毕竟是没有"入局"的旁观者，学习只限于知识层面。只有真正担任管理职务之后，面对需要管理的人和事，管理者从旁观者成为局中人，才会以局中人的思维体会管理，把管理知识和管理心得融合起来，慢慢领会管理的要领。

担任管理职务时，管理者需要看清管理的目标任务、自身角色以及管理对象，要建立对管理的基本认知，对自己有基本的觉察。我把管理者的自我认知称为"企业家的觉察"。企业家也是管理者，我把企业家的基本觉察总结为以下四条。

员工是人。员工是人，这似乎是一个管理的常识，但管理者常常忽略这个常识。管理的对象是人，所以管理必须明确人的属性，即所谓的人性，这是一切管理工作的底层逻辑，一切管理行为都建立在对人性假设的基础之上。

企业里面的员工，是自然人和经济人的复合体。作为自然人有生老病死、喜怒哀乐，作为经济人有实现自我价值最大化的动机。无数经济学家或哲学家都在揭示人性是什么，但在人性问题上，认识"为什么"比"是什么"更重要。在没有弄清楚人性到底是什么的时候，不妨把人性看作一个黑匣子，假设人性具有自然人和经济人双重属性，虽然不知道黑匣子里面是什么，但可以通过人的行为去认识人性。

脱离人性谈管理的管理者，最多是一个事务型的管理者，没有抓住管理的根本。有效的管理必须建立在正确认识人性的基础上，否则管理就是无源之水、无本之木，最终将误入歧途。

企业家也是人。企业家看到这句话时，可能会说这是句"正确的废话"。但根据我长期的观察，无数失败的企业就失败在管理者忽视了这句"废话"。比如有的企业家极度渴望财富，但是对团队十分吝啬；有的企业家自己懒散，却要求员工加班加点；有的企业家希望获得社会承认，把主要精力放在谋求各种社会职务上，但要求员工低调务实，甘于奉献；有的企业家艰苦创业，企业发展壮大后，又不断自我膨胀，独断专行。凡此种种，都是企业家不再把自己当成普通人对待的表现，在被赋予管理者角色之后，他们就把自己从普通人中抽离出来，忽视"企业家也是人"这个基本认知。

"企业家也是人"这个命题是要提醒企业家，在扮演管理者角色的时候，不要忘记自己作为普通人的人性。只有认识到这一点，企业家才会有同理心，站在员工的角度考虑管理问题，努力做到"己所不欲，勿施于人"。

企业是人的组织。企业会引入资金、技术、设备等生产要素，但是这些生产要素不会自动变成产品或服务去满足客户需求，必须通过"人"这个最关键的要素把以上生产要素整合起来。从人力资本的角度看，只要人力资本没有发挥作用，前面那些生产要素不论多么丰富，都不能自动创造价值，而且其他生产要素的使用效率、价值发挥都与人力资本直接关联。

经济学家研究发现，人力资本有三个特点：人力资本天然归属个人；人力资本的产权一旦受损，其资产可以立刻贬值或荡然无存；人力资本总是自发寻找实现自身价值的市场。企业是人的组织，需要结合人力资本的特点，最大限度地发挥人的价值。

企业的价值存在于企业外部。企业存在的唯一理由是：有人因为企业存在而获得了他愿意花钱购买的产品或服务。这句话听起来有点绕，换一种说法，只有企业为目标客户创造了产品或服务，目标客户愿意并且有能力购买，企业才有活下去的理由。

这句话拆开来看有三层意思：一是企业要活下去，企业创造的产品或服务一定要满足特定人群的需求，这些特定人群愿意用自己辛苦挣来的钱购买；二是不论企业内部管理多么高效，如果客户不买单，企业所谓的高效管理没有实现转化，企业还是没有存活的价值；三是为客户创造价值就是企业的价值，内部管理是为客户创造价值的手段，使客户价值最大化才是实现企业价值最大化的唯一途径。

企业价值来自客户并不意味着企业内部管理不重要。两个企业为同类客户提供相同的产品或服务，客户会选择性价比更高或服务更好的企业，这时候两家企业比拼的就是内部管理能力。

以上四条觉察，可以说是企业家应建立起来的对管理的基本认知。这四个基本认知是搭建管理知识架构的基础，也是开展管理工作的起点。没有这些觉察的企业家，就如没有任何经验的新手家长，匆忙上阵，手忙脚乱。

这四条觉察中，最核心的是对人的觉察：从人性出发认识单个的人，从企业中人的自然人属性和经济人属性出发来激励和约束人，从企业家自身出发把自己置于管理之中，从企业的终极目标出发明确管理者的角色。

总之，管理是一项非常复杂的活动，但企业家可以不断学习和领悟，在实践中锤炼，在失败中成长，在经历中积累，在反省中提高。

案 例

新希望董事长刘畅的自我修炼

新希望六和股份有限公司（以下简称"新希望"）可以说是农牧领域子女接班的典范。

刘畅生于 1980 年，起初并没有想到会回新希望接班，她曾经想过当歌手、自己创业，认为"猪场臭臭的"。2012 年新希望受禽流感、速生鸡事件影响，净利润同比下降 35.4%，加上面临与六和集团的整合问题，新希望的营业收入和利润增长都在放缓。在此背景下，年仅 33 岁的刘畅临危受命，出任新希望董事长。

刘畅上任后，畜牧行业巨变，数字化和互联网经济兴起。刘畅一方面大力推进养猪战略布局，另一方面对内部管理进行了大刀阔斧的改革。

战略布局上，新希望的业务从饲料生产延展至生猪养殖、肉制品加工。发展互联网金融投资业务和养殖服务云平台，重塑了更加扁平的管理结构，关闭了上百家子公司，淘汰落后产能，优化人员结构。

建立合伙人机制，实行干部队伍年轻化。新希望组建了 400 多名合伙人和 2 000 多名中层以上干部队伍。2019 年创始人刘永好在一次分享中提到，新希望 2 000 多名管理者的平均年龄 30 多岁，总裁、副总裁、总监的平均年龄 40 岁左右。

推动数字化转型。成立数字科技集团，通过数字化转型提升新希望养猪、环保、物流等各方面的效率。

此外，新希望的文化也得以重塑，公司提出"五新理念"——新机制、新青年、新科技、新赛道、新责任。

在刘畅带领的管理团队的努力下，新希望迎来了新的发展。2021年新希望首次进入《财富》杂志世界500强榜单，位列第390位，成为四川本土首个"世界500强企业"，也是中国唯一上榜的食品生产类企业。

一向稳健的新希望在非洲猪瘟导致的高猪价下，开启了扩张之路。据新猪派不完全统计，2019～2021年6月，新希望新增生猪养殖项目产能达5 435万头，仅2019年就超过3 000万头，新建生猪养殖项目超100个，覆盖四川、山东、广东等多达20多个省份。

刘畅曾谈到"做农业需要长期主义，不能想着赚短钱、快钱。在全产业链上，农业的最前端，依然是靠天吃饭，行业具有周期性。做农业是长期主义的，这个行业锻炼了新希望的长期主义。四年一个猪周期，不能短时间赚上一笔钱就走，所以新希望看产业会放眼3年、4年"。

"我女儿常常跟新员工讲，我这十年来做得最对的事情，就是从'大王'的宝座上走下来，去成就千千万万的奋斗者。"刘永好说。

做企业没有一帆风顺的，企业发展的过程也是企业家自我修炼的过程。随着新希望队伍的成长，我们对新希望的成长拭目以待。

领导能力

长期研究企业家精神的张维迎教授认为，经理人与企业家是两类人，经理人基于现有资源发挥最大效益，企业家则打破现有约束条件，创造新的产品或服务去满足客户的新需求。任何企业的管理都要面对人财物、供产销，但真正改变企业命运的通常是企业家。

企业家是一个特殊的群体，他们仰望天空，又脚踏实地；他们学习理论，又注重实践；他们严于律己，又善待他人；他们有霹雳手段，又有菩萨心肠。优秀的企业家一般都表现出杰出的领导能力。

改变现状。企业家善于从市场中发现机会，他们思考问题的角度常常是如何改变现状。基于现状在条条框框里提高效率的是一般经理人，企业家则是打破现状，试图用产品和服务改变现有格局，去解决更大问题的人。比如，壹号土猪创办人陈生，在行业从业者热衷于养大白猪时，他另辟蹊径去养土猪，就是在试图打破原有养殖格局。企业家改变现状的驱动力来源于想挣钱、让家人过上更好的生活、实现个人价值或者创造某个产品或服务等。

企业家勇于改变现状，接受不确定性，善于从不确定性中寻找确定性，在面对不确定性时不但不恐惧，反而感到欣喜。不确定性更能够激发企业家的创造性。有人说，企业家最重要的一个特点就是冒险，其实不完全准确。企业家的冒险不是毫无把握的冒险，而是只要有 50% 的把握，企业家就敢去"赌"。

利他之心。德鲁克认为，企业的目的是创造客户。这就决定了做企业的立足点或者出发点，一定是为客户创造价值，让他们愿意付钱。没有利他之心，是做不好的企业的。利他之心能够激发企业家强烈的责任感和使命感。比亚迪创始人王传福在一次采访中说，自己很早就成为亿万富翁，挣钱对他来说已不算动力了，在电动汽车领域做点事、改变中国汽车在国际上落后的面貌是他的动力。

勇于试错。企业家不是理论家，而是实干家。当发现机会时，企业家就会通过行动去捕捉机会，不断试错，尝试抓住机会。就像打水井一样，虽然不能 100% 确定这个地方有水，但要去尝试，如果不行就再换个地方，继续往下打，直到打出水来。我经常讲企业是"长"出来的，不是坐在办公室商量出来的。在保证大方向不错的前提下，企业家要不断去尝试。

忍耐坚持。企业的外部环境是不断变化的，企业会经历无数挫折，尤其是创业早期。中小型农业企业规模不大，资源有限，面临的风险和挫折更多。大部分企业家并不是最聪明的人，而是能够坚持的人，他们瞄准一个方向，百折不挠往前冲。很多时候，坚持一口气，熬一熬就挺过来了。任正非在 2000 年前后面临母亲去世、公司危机四伏的至暗时刻，但他熬过去了，这才有了后来的华为。

没有任何一家企业的发展是一帆风顺的，企业家会踩无数的坑，如果你还没有踩坑，前面一定有坑等着你。最后剩下的不是那些做得最好的企业，而是最能坚持的企业。比如地下50米的地方有水，有的人打了40米放弃了，有的人打了48米放弃了，有的人打了49米放弃了，并立一个牌子——"此处无水"。而这时，如果有人能再坚持一段时间，就能打出水来。我经常主张，农业企业不要到处找市场，市场都是刚性的，关键看你能不能坚持到底，打出"水"来。

案 例

美的集团创始人何享健

美的集团从一个小作坊成长为年营业收入3 434亿元、净利润290亿元的全球性大集团，背后离不开创始人何享健打下的牢固根基。

何享健出生于1942年，小学毕业后，几经周折成了顺德区北滘镇的街道干部。1968年，为了解决群众就业问题，何享健联合23人集资5 000元创办了"北滘街办塑料生产组"。在那个年代，搞生产组要冒非常大的风险。为了推销瓶盖，何享健常年在外奔波，那段时间他吃了不少苦头，但始终没有放弃，或许他的动力来自想让父老乡亲和自己过上更好的生活。

何享健善于抓住机会，勇敢尝试。他根据市场需求，尝试过生产各种各样的小玩意儿。直到1973年，国家引进一批民生项目，何享健借此机会，拿下大量订单，生产组积累的自有资金超过了 10 万元。但他并没有满足于此，而是从外面花大价钱聘请一位技术人员指导产品工艺革新，不断提升生产水平。靠着敢想敢干，到 1977 年时生产组实现年产值 24.4 万元。

"在美的，唯一不变的就是变"，何享健的这一理念一直贯穿美的的发展历程。他敢于拥抱变化，不断尝试改变现状。

1980 年，生产组转而生产金属台扇，并且正式将品牌命名为"美的"。美的电风扇上市第一年，就实现年销售额 300 万元、净利润 40 万元。两年后，美的研制出全塑风扇系列，一举奠定了美的在市场上的领导地位。5 年后，美的成立空调设备厂，并引进日本空调技术。作为国内最早开展空调业务的企业之一，美的的市场开拓并不顺利，甚至到了向员工筹资渡过难关的地步，好在 1988 年美的获得自营进出口权，当年就实现产值1.2 亿元，企业危机才得以解除。

1992 年，何享健争取到了顺德唯一的股份制改制试点名额，美的走上了现代化企业发展之路。次年，美的登陆资本市场，成为中国首家上市的乡镇企业。

何享健在美的建立了事业部制的管理体制，形成了一套独具特色的分权体系。总部对事业部的考核只有绩效，何享健放权放得非常彻底，曾有部门经理向他请示千万元级别的投资意见，他让部门经理自己拿主意。何享健的大胆放权和对下属的信任，为美的培养了一批出色的职业经理人，并在美的形成了务实、注重绩效的职业经理人文化。

在企业交接班上，何享健并没有将企业交给儿子，而是交给了职业经理人方洪波。交出后，何享健几乎不再参与美的管理事务，他的眼光和胸怀可见一斑。在方洪波的带领下，美的集团从年营业收入不足 1 000 亿元，增长到年营业收入超过 3 000 亿元。美的从以规模为中心、注重销量转变为以产品为中心、注重毛利，并完成了数字化转型。

美的的发展并非一帆风顺，其间经历过产权纠纷、家电行业白热化竞争、大集团管控问题、家族式企业改造问题等。无数压力，无数次艰难抉择，最终都被何享健一一化解了。

何享健为人低调务实，很少在公开场合露面，除了美的集团创始人的头衔外，几乎没有其他社会头衔。隐退后的何享健把精力投入慈善事业，开启了新的人生旅程。

担当角色

我很赞同管理大师明茨伯格对管理者的角色进行的大量论述。我思考了很久，觉得对管理者角色最形象的理解是教练员、裁判员和运动员三者的融合。

在球队比赛中，有的人带领团队成员赢得比赛，有的人制定比赛规则并评判参赛者的行为，有的人则直接下场参加比赛。这三类人，分别代表了教练员、裁判员和运动员。与此类似，企业中也有这三类角色，只不过由企业家一人扮演，并在三个角色之间来回切换。

教练员。教练员的职责是发挥每个人的长处，并且让团队成员彼此配合，共同实现目标。企业中最重要的资产是人，团队成员来自不同地域，其性格、年龄、家庭成长环境等都不同，每个人的长处也不一样，有的擅长冲锋陷阵，有的擅长带领团队。教练员应把正确的人放在正确的岗位上，发挥每个人的价值。另外，正如再优秀的球星在一起，如果没有一个好的教练员，常常会形成内耗一样，企业家起着调节团队内部矛盾、化解团队冲突的作用。反过来说，当团队一团和气、缺乏斗志时，企业家则引入竞争机制，形成"鲶鱼效应"。

裁判员。企业家是企业价值的守护人，等同于球赛的裁判员。裁判员根据比赛规则评判球员的行为，严重触犯规则的就罚下场，不严重的就发黄牌。在企业里面，这套规则是企业的制度。企业家基于企业价值制定评判标准，并对做事的人、所做的事进行评判，即企业家要评判企业内部的各种动作是否符合企业战略方向、团队做的事情是否和企业效益挂钩、各类项目该不该投、员工干得好坏等。

这个角色扮演得好坏，直接决定了企业的价值导向。最基本的评判标准是看有没有为企业创造价值，如果一件事在为企业添砖加瓦，那这件事就是对的，如果一件事在消耗企业资源但没有创造价值，那这件事就是错的。

举个例子，投资是企业很重要的一个行为。项目该不该投、投多少、何时投，最基本的判断标准是，被投资的项目是否能为企业创造价值，如果可以，就应该投，否则就不应该投。

再举一个例子，一把手选择副手时要注意，天天顺着你说话的人不见得好，不断给你提意见、批评你、给你挑毛病的那个人可能更适合。选择副手的标准是，这个人是不是在为公司创造价值。如果他站在公司角度挑你的毛病，那他的行为应该鼓励；如果他只会说好话，有损公司价值，那他的行为就应该批评。

运动员。企业家也是运动员，光说不练的企业家在企业里很难建立威信。组织赋予企业家的是权力，威信需要靠自己建立。威信来自一个个胜仗，通过拿下客户和解决疑难问题，让团队成员看到你的认知、能力或者品格是超过他们的。企业家下场，不是事无巨细地去干员工干的事，而是去做企业家应该做的事，企业家是通过他人拿到成果的。

企业家同时扮演这三个角色：作为教练员，要有基本的管理能力、沟通能力、协调能力、决策能力等；作为裁判员，要辨别是非，按照规则判断人和事，以身作则；作为运动员，要和团队一起打胜仗，要得到大家的认可。

自我进化

企业发展的天花板是企业家。企业家的能力如何与企业发展阶段相匹配，显得非常重要。企业家也是人，也有逃避痛苦、追求快乐的本性。不少企业家都很偏执，企业创立初期，这种偏执常常能让企业发展起来，但企业发展到一定阶段时，企业家性格当中的均衡性就更加重要了。

企业家真正成长，要由外在力量逼迫自己成长变成内在自觉成长。企业家常常"灯下黑"，很难清醒地认识自己，尤其在企业是靠他打拼出来的情况下，他在企业里一言九鼎，更容易形成权威，其他人也不敢去挑战他的权威。

我把企业家的成长总结为三修：修头、修脚、修心。

修头

"修头"是指修炼思维和认知。现在有一种说法叫"企业的成果是企业家认知的变现"，我不太同意这个观点，虽然这句话反映了认知的重要性，但我不认为企业家的认知是企业的全部。就好比，我们可以看见对面山上美好的风景，但是如何爬到对面山顶去欣赏这个风景，需要耐心，需要行动，更需要耐力，仅仅认知到对面山上美好的风景是不够的。

修头有很多方法，可以读书、拜访高人、自我反省等。企业家的认知能力很大程度上表现为对问题的判断和处理能力。我把问题分为三类：简单问题、复杂问题、疑难问题。企业家要针对不同的问题采用不同的思考和解决方式。

简单问题深度思考。一个简单问题，当你深入思考后就发现并不简单。思考是去粗取精、去伪存真、由此及彼、由表及里的过程，这就需要企业家实事求是，还原现场，把问题弄清楚了，事情就解决了一半。

举个例子。一名客户一直用公司的产品，突然就不用了。当你去拜访这个客户后发现，客户不用公司的产品可能是公司流程问题、产品质量问题，甚至是客户给业务员打了几个电话，业务员没有接，于是就把公司产品放弃了。看上去是很简单的问题，但当你深度思考后，可能会发现这个问题背后反映了公司经营上的重大风险。

复杂问题系统思考。复杂问题之所以复杂，是因为多种因素交织在一起，千头万绪。这就需要系统思考，从整体出发考虑各个要素，找到突破点，避免在不该用力的地方用力。比如产品质量不稳定，这只是表象，需要从质量控制流程入手，从原材料采购、生产过程、检验环节、库存环节、运输环节、质量追溯环节，逐一排查，找到导致产品质量不稳定的真正原因，并制定解决方案。

疑难问题逆向思考。逆向思考即反过来想，反其道而行之。我们习惯顺向思考，但对疑难问题逆向思考反而容易迎刃而解。比如，你在思考如何过上幸福的生活，可以先思考如何才能让生活变得痛苦。你要分析一个项目能否成功，可以先思考这个项目什么情况下会失败。海底捞创始人张勇说，他想得最多的问题是海底捞会如何倒闭。

企业家修头，就是要修这三种思维：深度思维、系统思维、逆向思维。这三把利剑，有助于我们把管理中遇到的问题分类，找到解决办法。企业的发展是不断解决问题的过程，"修好头"有助于提高解决问题的效率。

修脚

"修脚"是指要有超强的行动力。做企业是不断试错的过程，没有行动就没有试错机会，只有不断试错才能找到最优解决方案。只有行动才能验证头脑中的设想是否正确，才能产生结果。企业经营最终看的是结果，过程再完美、想得再多，结果不理想、没有利润，就没有意义。

行动时要学会把握节奏。头脑中要有一盘棋，先走哪一步，后走哪一步，要学会多项任务并行。企业家手中不可能只有一件事，无数线索都汇集在你这里时，就需要分清任务的轻重缓急。比如，你要去拿项目、要进行团队建设、要迎接考察团，这时候，要分清重要且紧急的事情、重要但不紧急的事情、不重要也不紧急的事情、不重要但紧急的事情。

修脚要锻炼行动力，要做行动家而不是理论家，行胜于言而不是言胜于行。怎么去修炼呢？在行动中不断"掉坑"，然后总结经验，再从坑里爬出来。

修心

企业家对外要面对客户、竞争对手、行业主管部门，对内要面对员工，回家还要面对家人，忙得就像天天被放在火上烤。

企业家永远在斜坡推球，推动企业、推动自己不断向上走。稻盛和夫说，要不断磨炼心性，让自己的心胸变宽广，让自己的灵魂更高尚。

苦难是磨炼企业家最有效的良药，苦难一旦转化就成为财富。在困难的时候，感谢困难对你的磨炼，在面对不确定性时，感谢不确定性带给你的机会，在焦虑的时候，感恩焦虑带给你的成长。人的心胸是在磨炼中撑大的。

找到你的发心。在夜深人静时，思考什么东西是最重要的，你在乎什么，想去追求什么。你的发心是赚钱，就会把钱看得很重；你的发心是帮助别人、成就他人，就会把更多精力放在团队上，敢于分享财富；你的发心是改变世界，让这个世界因为你的存在而精彩，就会去关注人类命运。就像马斯克，他希望这个星球因为他的存在变得不一样，他就会关心人类能源使用问题，为人类寻找第二生存空间。

培养同理心。2000 年，比尔·盖茨辞去微软 CEO 一职把微软交给了好友鲍尔默。鲍尔默担任 CEO 期间，微软股价不断下降，错失移动互联网的机会。2014 年，萨提亚·纳德拉接替鲍尔默出任 CEO，他一改鲍尔默强势的企业文化，拥抱开源生态，公开表示"微软爱 Linux"，并收购全球最大的程序员交流社区 GitHub。如今，微软云计算市场份额位居全球前三，萨提亚·纳德拉带领微软抓住了云市场的机会。萨提亚·纳德拉最大的特点是具有强烈的同理心，能够感受员工、客户、竞争对手的心理，并且影响他们。他的强烈同理心可能与他对孩子的爱有关，他的孩子身患残疾，不管多忙，他每周末都要坐几小时的车回家去照顾孩子。

保持自我反省。通过反省，纠正自己的错误。反省还能让你保持敬畏之心，对客户、员工等周围的人心存敬畏，心存感恩。

成为优秀的农业企业家

农业企业家需要具备哪些重要品格？这就要先谈到农业的特点，农业企业和其他企业相比，有以下特征：

- 经营场景和农业、农村、农民相关，农业是所有行业中补贴最多的行业。
- 农产品具有刚需性。只要把质量做好，把市场开发出来后维护好，农业企业大都能够生存。
- 服务的对象很朴素，但讲求实际。
- 大部分员工来自农村，很务实，执行能力特别强，但开拓精神有所不足。这些员工的期望值可能不高，但家庭负担比较重。
- 面对 2 亿人左右的第一产业从业者，人员情况参差不齐，农业企业在管理上有特殊之处。

农业企业的这些特点，在一定程度上塑造了农业企业家的品格，我把农业企业家应具备的品格总结为以下四点。

接地气。不要好高骛远，先从一个区域、一个产品、一类客户做起，先做深做透，再进行扩展。另外，要善于去现场发现"神灵"，去一线寻找解决问题的方法，要能够扎下去，对农民心怀感恩。

敬畏之心。因为生产对象的生物性特征和需求的不可替代性，农业与其他行业区别开来，也因为产业链条长而产业延伸弹性大，农业产业本身对社会资源具有巨大的吸引力。置身其中的农业企业，因为有巨大的市场容量而无比幸运，也因为庞大的产业领域困惑不已。无数企业因善于把握产业规律，保持战略定力而发展壮大，更有大批企业因看不懂产业演变规律，忽视企业管理而折戟沉沙。

30多年的农业从业经验告诉我，农业产业是一个永远的朝阳产业，也是永远的夕阳产业。前者属于把握产业规律、敬畏产业演变、重视管理的企业。后者属于忽视产业逻辑，藐视产业门槛，轻视管理的企业。处在如此矛盾中的农业企业，更需要认识到农业产业的特殊性，从产业大局出发，结合企业自身所处细分领域，扬长避短，保持敬畏。

多打粮食。要以多打粮食为导向，即经营要能够产生结果。慎用企业拥有的资源，不要盲目投资，先把一个产品做好，产生了利润再扩大规模。不轻易跨行业、不轻易投资、不轻易延长产业链，在自己擅长的地方深耕好，管好现金流。所谓"打好一口井，做好一片田，再经营一座山"。

接收阳光雨露。一方面，要善于利用政府资源，但这绝不意味着对政府资源形成依赖。政府资源是双刃剑，加速企业发展的同时也会抑制企业内部创新，形成对政府资源的依赖心理。另一方面，学习其他企业的优秀管理经验，对标先进企业，以开放的心态学习先进的管理、技术和商业模式。

农业是一个良心产业，任何劣质的产品都会祸害国民，所以从事农业的人要用自己的良心经营企业。把良心经营写在祖国的大地上，发展农业产业，造福农民，建设农村。

农产品的刚性需求，决定了只要是好的产品就有市场，另外，农产品的低毛利属性，决定了企业需要长期坚持。农业市场是大海，一定会养出大鱼，相信经过农业企业的共同努力，中国会产生一批优秀的农业企业家。

案　例

牧原股份和雏鹰农牧背后的企业家经营哲学

牧原股份和雏鹰农牧是河南的两家农牧企业。2010 年，雏鹰农牧登陆 A 股，号称"养猪第一股"。2011 年时，雏鹰农牧营业收入比牧原股份多出 1.66 亿元，净利润比牧原股份多出 7 000 多万元。到 2019 年时，雏鹰农牧却黯然离开了资本市场，牧原股份则变成了"猪茅"。

两家企业起落的背后反映了它们各自创始人的经营哲学。

牧原股份的董事长秦英林，可以说是养猪狂人。他在高中时曾劝父亲养猪，后来放弃河南大学的保送机会，选择了河南农业大学的畜牧专业。1993 年 6 月，秦英林放弃公务员职务，从 22 头猪开始，进入养猪领域。他选择了"自繁自养一体化"的养殖模式，这种模式的好处是养殖全程可控。秦英林在养猪领域不断钻研，亲自设计更适合中国养殖业现状的标准化猪舍，带头优化饲料配方，开发出"小麦＋豆粕"型配方，不断优化养殖成本结构。2018 年，牧原股份生猪养殖完全成本为 11.6元 / 千克，前面提到的温氏集团约 12.3 元 / 千克，其他上市公司为 12.5 ～ 13 元 / 千克，散养户为 13 ～ 15 元 / 千克。

牧原股份上市后，仍然坚守主业，没有盲目扩张到不熟悉的领域。"牧原人只有继续专注养猪事业，才能走得更远"，秦英林在公司上市时如是说。乘着资本市场的"东风"，牧原股份走上了养猪—卖钱—建猪舍—扩大养猪的循环道路，生猪出栏量从 2014 年的 185.9 万头，增长至 2021 年的 4 026 万头。即便坐拥如此大的养殖体量，牧原股份也没有贸然大举进入屠宰领域。

秦英林把养猪当成事业，亲自撰写《拜猪文》，企业内部还有"拜猪大典"。"我们感恩，我们的事业是养猪，实则是猪养活着我们。尊重猪就是尊重自己，崇拜猪就是崇拜自己。让我们和猪一起，傻乎乎，乐呵呵，奉献自己，成就高品质的人生。"这是《拜猪文》里面的一段文字，可以看出秦英林对养猪行业的热爱，以及把养猪作为终生志业的决心。

相反，雏鹰农牧 2010 年上市后，除了养猪外，业务全面开花：设立 5 亿元电竞产业投资基金；参股商业银行及多家金融公司；投资沙县小吃，号称 3 年整编 6 万家沙县小吃店。一系列偏离主业的操作，导致雏鹰农牧资金链断裂，出现"以肉偿债"，猪没饲料吃被饿死的情况。2018 年，雏鹰农牧净利润亏损 38.64 亿元，2019 年一季度末，资产负债率高达 92.68%。雏鹰农牧为自己的盲目扩张付出了惨重代价。

如何提高决策能力

前面谈到，企业家是企业最稀缺的资源，企业家有效管理自己才能最大限度地发挥自身价值，带领团队从管理自己开始。同时，一个优秀的企业家，还需要掌握基本的管理技能，明确自身角色，有极强的学习能力和强烈的进取精神。

企业家要面对企业内外诸多的不确定性，在众多复杂的人和事之中辨别真伪，采取行动，获得成果，这一系列的管理活动离不开决策。决策是管理者的行为，但能针对决策进行复盘并查找问题的企业数量较少，加之决策的复杂性和决策效果的滞后性，使得大家忽视了思考决策本身。与企业家的自我管理能力一样，决策能力也是企业家的核心能力。

决策能力是企业的宝贵资源

大到战略选择、重大人事任免，小到某一笔费用是否支付，决策是企业家日常经营活动中常见的管理动作。所以，有人说管理是由一个个决策构成的。

企业的利润从何而来？一般会认为是土地、资本、技术和劳动力等生产要素在生产过程中实现了增值，但其实以上生产要素都不会自动增值。企业家从市场中发现机会，组合各种生产要素，生产出满足客户需求的产品或服务，再到市场中进行交换，从而实现企业盈利。

换句话说，包括资本在内的生产要素，其本身不能增值。正如经济学家周其仁所言，利润的本质不是对货币所有权的回报，而是对企业家才能所有权的回报⊖。即使在金融市场，储户的存款利息是由银行把存款贷给企业，企业把钱投入生产获取利润后，归还贷款利息而得到的。由此可见，企业才是利润创造的主体，而企业家的决策和组织能力起到了关键作用。

土地、资本、技术等生产要素都是在企业经营中的价值转移，只有人力资本在企业家的激发之下实现了增值。企业家的激发方式就是决策和组织能力，这是企业家最重要的两种能力，企业的盈利能力是企业家以上两种能力的反映，从这个角度来看，企业利润是企业家及其团队能力的变现。

因此，企业家的决策能力与企业的成败高度相关。

2019 年，为了解企业管理者的决策现状，全球知名管理咨询公司麦肯锡对全球 1 200 多名管理者展开了一项调查。调查结果既在意料之中，又在意料之外。意料之中的是，决策是管理者重要的工作内容之一。平均而言，受访者将 37% 的时间用于决策。在公司中的层级越高，用于做决策的时间越长，14% 的高管表示，他们超过 70% 的时间都用于决策。

⊖　周其仁. 真实世界的经济学 [M]. 北京：中信出版集团，2021.

意料之外的是，即便花费了大量时间，做出一个好的决策仍然非常困难。如今，企业可以更便捷地获取信息，使用各种智能工具和分析方法辅助决策。决策似乎变得越来越简单，真的如此吗？接受这项调查的管理者表示，他们超过一半的决策时间是无效的。

麦肯锡按照决策的频率、影响范围（风险），把决策划分为影响公司发展的重大决策、跨部门决策、委派决策和临时决策。而在全球范围内的一项调查显示，只有 30% 的 CEO 表示熟悉这些决策类型。

可见，决策能力是企业的宝贵资源，但是做出好决策并不容易。

以想象力应对决策的不确定性

完全依赖决策模型、逻辑推理，或者完全凭感觉，都不是真实场景中的企业决策方式。企业在经营中，永远会面临决策信息不全、决策目标不清晰、决策时间有限等难题。

决策为什么困难？

决策是基于事实、已有的认知或者感觉，对未来进行的预判。决策面向的是未来，所需要的信息不可能穷尽，即使获取了不少政策、客户、竞争对手的信息，还要判断信息的真假，而且信息也有时效性。

决策者的决策偏好，包括性格因素、思考方式、风险感知

能力等也会影响决策。有的企业家风险意识很强，决策时相对
保守，对不确定性的容忍度相对较低。有的企业家偏好以小博
大，对不确定性的容忍度高。比如融创集团创始人孙宏斌当年
给贾跃亭投资 150 亿元时，很快就做出了决策。孙正义投资也
很激进，6 分钟内就做出投资阿里巴巴的决定，但这并不意味着
孙正义决策得草率。有资料显示，孙正义是一个很有长远眼光
的企业家，他聘请日本著名的战略研究专家，为软银做了一个
未来 300 年的战略。这听起来很好笑，但孙正义解释说，只有
把时间拉长，才能以长远的眼光看待当下的事情。

　　每一个决策都有成本，经济学上称为机会成本，比如投资
了甲项目，就失去了投资乙项目的机会，那么乙项目的收益就
是投资甲项目的机会成本。对甲项目的投资收益可以做出大致
的估算，但也不是 100% 确定的，这就是决策的难度。

　　只要是决策，都会面对不确定性。所以，决策既是技术也
是艺术。就如同艺术院校的学生虽然可以学习艺术学原理，但
未必可以创作优秀的艺术作品。优秀的艺术作品，依靠学生的
禀赋，及其在反复试错中逐渐建立起来的直觉。

　　或许每个人体会的"决策原理"都不一样，正如每个人体
会的艺术原理不一样。我个人体会的决策原理有以下几个方面。

　　做一个旁观者。企业中的重大决策一般要经过管理团队集
体讨论，每个参与者都会根据自己的判断，发表对于目标议题
的意见。作为决策人，如果完全沉浸在决策场景之中，就容易

被一些细枝末节左右判断。我的体会是，要破局必须出局，只有作为旁观者，把自己抽离出来，如同一只飞翔的老鹰，俯视下面的风景，才能有空间感和时间感，获得局中人没有的视角，看见局中人没有看见的东西。

关注细节。 无数个点串起来构成线，线与线交织起来构成一个面，面与面交叉重叠构成复杂的全局。在决策中，如果只是关注线或面就会出现盲点，大而化之的决策非常危险。对全局以及全局中的关键点，都需要关注。这里说的关键点，就是影响全局发展的关键细节，这些细节往往能预判全局的趋势。

举个例子，识人能力是企业家的重要能力。如何准确判断一个高管的能力、品行和价值观呢？我的做法是，建立评价模型，从统领全局、认知能力、带领团队、专业能力、工作业绩和自我管理六个维度，用事实而不是被评对象所说的话作为依据。这个事实务求真实和准确，让最了解被评对象的人，从每个维度对其打分，以此排除各种干扰因素，做到理性客观。只有这个理性的评价模型还不够，还需要与被评对象相处一段时间，通过一些生活的细节洞察被评对象的价值观、人生观以及认知能力等。"魔鬼藏在细节里"，不经意之间流露的细节更能真实反映被评对象的真实内心世界，企业家可以此洞察其真实面目。

发挥想象力。 决策是基于有限信息做出的面向未来的选择，必然存在预测的部分，这部分或许没有逻辑，没有事实依据，但来自企业家的直觉和想象力。无数案例证明，企业家的直觉和想象力，往往在企业看不清方向时引领着企业前进。当然，企业的决策风险也体现在企业家的冒险决策上，企业的成功本身就是无数个正确决策的结果，冒险决策是企业要付出的风险成本。

案　例

通威集团的决策

通威集团（以下简称"通威"）是全球领先的水产饲料生产企业、全球高纯晶硅龙头企业及全球太阳能电池龙头企业。其首创的"渔光一体"发展模式独具特色，2021 年实现营业收入 634.91 亿元，归属于母公司的净利润 82.08 亿元。

通威创立于 20 世纪 80 年代初，属于农业领域成立较早的一批企业，它能持续发展壮大与其创始人刘汉元的决策能力密不可分。

20 世纪 80 年代初，刘汉元发明"渠道金属流水网箱养鱼技术"，极大地提高了养鱼的单产。在那个年代，鱼肉极其短缺，这项技术带动了周围的村民养鱼，刘汉元又开始建厂卖水产饲料。在刘汉元进入光伏行业前，通威已经稳坐全国水产饲料行业"老大"宝座十多年。当时刘汉元正在寻找通威发展的第二主业。

2004 年 9 月，巨星集团董事长唐光跃找到刘汉元，希望刘汉元入股永祥树脂有限公司。原来，巨星集团在 2002 年投资了永祥树脂有限公司，该公司的聚氯乙烯（PVC）年产能为 10 万吨，但在一期工程建到 60% 时，资金出现了问题。经过一番思索后，刘汉元决定入股该项目。

刘汉元入股 PVC 项目并非偶然，2002 年刘汉元在北京大学读 EMBA 时，就常常思考新能源产业的未来。后来读 DBA（工商管理博士）期间以《各种新能源比较研究与我国能源战略选择》为研究课题，提出了太阳能光伏发电将成为未来清洁能源主要发展方向。永祥树脂所从事的氯碱化工是三氯氢硅的上游，而三氯氢硅正是光伏产业链上游原材料多晶硅的主要原料。当时全球光伏产业正经历萌芽阶段后的爆发式增长，带动多晶硅的需求也爆发式增长。

2007 年 12 月，刘汉元决定扩大多晶硅的生产，当时有两种生产方式可供选择，一种是常用的西门子法，另一种是戴自忠教授创立的生产方式。西门子法是生产多晶硅的主要方法，技术已经成熟，而戴自忠独创的生产方式尚未在实际生产中使用过。戴自忠称自己发明的工艺方法 90% 以上不同于西门子法，但成本低，质量好。2006 年底，在巨星董事长唐光跃引荐下，戴自忠与刘汉元见面，当时戴自忠带了一本从 1984 年研究多晶硅以来一直在用的发黄笔记本，上面记满了他的理论。

项目工期紧迫，投资量又很大，该选择何种生产方式呢？是选择成熟的西门子法，还是冒着风险选择戴自忠教授独创的生产方式？刘汉元充分发挥想象力和商业直觉，加上试验数据

的支撑，最终决定两种生产方式都采用。一方面让易正义团队
以西门子法投产 800 吨 / 年的多晶硅项目，另一方面让戴自忠
团队投产 200 吨 / 年的多晶硅项目。2008 年 7 月，用戴自忠的
方法生产出来的产品，纯度达到 8 个 9（99.999 999%），超过西
门子法 6 个 9 的纯度，成本是西门子法的一半。6 个 9 的纯度已
经可以切割成片用于光伏发电，而 8 个 9 的纯度可以作为生产
半导体的原料。于是，通威与戴自忠教授签订了长期合作协议，
在多晶硅领域迅速发展。

　　后来，通威通过建设太阳能光伏发电站、收购全球最大的
太阳能电池片企业合肥赛维等一系列决策，逐渐成为高纯晶硅
产量全球第一、太阳能电池出货量全球第一的企业。

以确定的决策流程提高决策质量

　　由于决策的风险性，让参与决策的人都清楚决策流程，明
确决策原则，利于实现决策闭环（见图 3-1），提高决策质量。

　　在讲决策闭环前，我想先提一下决策的基本原则，因为这
些原则贯穿整个决策流程。

　　大胆假设，小心求证。决策时要"敢想"，充分发挥想象力，
大胆想象各种可能性，不要被眼前的资源和能力局限。在求证
时，则要尊重事实，看事情是否符合常识，不要被天花乱坠、
各种"高大上"的词语迷惑。

　　尊重人性。一方面满足客户需求时，要顺应人性，尊重人

性，从人性出发。另一方面，要尊重公司内部的人性，理解不同部门有不同的利益诉求，每个人也有自身的利益诉求。

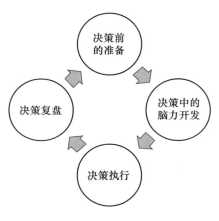

图 3-1 决策闭环

尊重规律。任何事都有底层逻辑，做决策时要透过现象看本质。作为一个决策者，要去掉细枝末节，找到产生问题的根本原因。

民主和集中结合。既要民主，更要集中。我在决策时，非常注重发扬民主，让大家敞开心扉，哪怕是刚刚毕业的新人，也要让他发言。大家充分讨论，产生越多角度不同的信息越好。从多方了解信息后，决策者再进行集中决策。

企业经营会面对无数不知道如何决策的艰难时刻，团队成员、投资者对决策有不同的声音，企业家也无法判定这个决策是正确还是错误时，就要回到企业的价值观，回到创始人的初心上。企业家是孤独的，艰难决策只能自己做，后果只能自己承担，这时候，要问问自己做这件事情的初心是什么，做企业的初心是什么。

决策前的准备

决策前要对决策的事项充分了解，清楚决策目标是什么，不要简单地认为每个参与者都很清楚决策的目标。我主持会议时，发现很多人连怎么写会议纪要都不清楚，会议纪要上记录了一大堆信息，但没有结论，参会各方看了会议纪要，不知道接下来应该干什么。这是决策前准备不足，没有弄清楚会议目的导致的。例如，一个项目投资决策会，最后只可能出现三种结论：肯定投资、否定投资或延后决策，会议纪要中应该体现这三种情况中的一项。

在弄清楚决策目的的基础上，要做大量的调查研究。调查研究是决策前的必备功课。凭直觉判断、调查研究不足甚至忽略调查研究，很容易在重大决策时出现失误。调查研究要把握三个问题。

发现真问题。你认为的问题，就是真问题吗？很多时候，那只是表象，并不是真问题。思考问题要回到问题的本源，才能抓到问题的本质，如果没找到真正的问题，解决方案是无效的。

比如，你今年的目标是河南省区域销售收入增长 50%。当你带着这个目标去调查研究时，要去调查河南省整体区域市场容量，竞争对手产品的市场占有率，以及你在河南省各区域的市场占有率，评估增长目标的合理性。如果目标合理，真问题就不是"如何让销售收入增长50%"，而是"阻碍销售收入增长50%的制约因素是什么"。找到制约销售收入增长的因素后，实现销售收入增长50%的这个目标才具有可操作性。

开展真调查。真调查不是坐在办公室想，也不是看研究调查报告，而是去现场，去一线调查，在现场"闻"到报告里没有的"味道"。任何完美的市场调查报告都代替不了现场调查，尤其是与客户面对面深度交流。一个有同理心的企业家，在与客户的交流中可以发现对方的潜在需求。乔布斯说客户往往不知道自己的需求是什么，但是企业家需要"预知"客户需求。

在现场的直观感觉，可以激发企业家的市场灵感，进而以产品的改进来满足客户心里有而没有表达出来的需求。企业家在现场闻到的"味道"，是决策时直觉的来源。现场调查常常能够使企业家感知到理性不能描述的部分，进而激发市场灵感。企业做大了也不能忽视一线的信息，中小型企业创始人更应该注重从一线获取信息。

五星电器的创始人汪建国，讲了一个亲身经历的案例。当年公司跟百思买合资之后，百思买的老总说，你得去做一个客户调查，回答我一个问题，客户购买五星电器最直接的原因是什么？五星电器的老总说不用调查，我现在就能回答，第一价格便宜，第二质量好，第三服务好。后来，百思买请了一家英国的专业公司进行调查，得出的结论是"对导购员的信任"，这个结论花了300万元。导购员在现场的引导性，服务态度的好坏对客户购买决策起直接作用。导购员以笑脸相迎，客户更愿意购买。找到客户购买五星电器最直接的原因后，企业加强培训现场导购员，电器的销量迅速提升。

所以，我们不要凭直觉去判断客户需求，一定要去市场一线做市场调查。决策前的市场调查，让我深刻体会到了稻盛和夫所说的"答案在现场，现场有神灵"。去现场调查得到的一线信息，和业务员报告的可能完全不一样。从一线获得的信息，是鲜活的，一个不经意的信息，可能给企业家带来非常大的震撼。

在跑一线之余，我坚持开周例会，听取市场一线反馈，反馈的内容包括市场一线信息、客户抱怨、竞争对手的情况等，以此保持对市场的敏锐度。事实上，企业存在的目的是为客户创造价值，随着企业规模扩大，企业内部分工越来越细，部门的本位意识增加，员工一般不愿意考虑岗位职责之外的事，部门墙不断增厚，如果没有管理外力的干预，企业往往滑向内部事务治理，而不是关注客户对企业产品或服务的反馈。周例会就是要及时发现客户对企业的反馈，把客户对企业的抱怨当成改进工作的起点，把市场的压力转化成企业改进管理工作的动力。

得出真结论。带着问题去调查不是目的，得出结论才是目的。调查后，要找到支撑决策的关键信息，厘清信息背后的逻辑联系，形成调查结论。

决策中的脑力开发

召开会议进行决策，是企业中常见的决策形式。通过参会者的讨论，避免个人认识的盲区，达到取长补短、激发脑力的目的。但也要注意，集体讨论出的并不一定都是高质量的决策，常常出现一旦意见领袖提出意见，其他参会者都附和的现象，造成"合成谬误"[⊖]。

每个参会者都是独立的思考单元，如果没有所谓"权威"的压制，每个个体都对拟决策的议题进行独立思考，并营造一种氛围，让每个个体可以完全自由地思考且独立发表自己的意见，这在会议室里就形成了一个头脑风暴的场域。减少场域之中的氛围压制是会议主持人最需要关注的问题。

掌控会议节奏。 会议主持人要有控场能力。首先要控内容的场，清楚开会的目的以及讨论的议题；其次要控时间的场，掌控好发言人的时间，当有人偏离议题时，把参会者引导到讨论的议题上；再次要控好节奏的场，对多议题的会议，要根据议题的重要性分配时间，对关键问题深度讨论，把问题不断引向深入，直到真正揭示问题的本质。帮助参会者对相关问题达成共识，不能达成共识的问题要找到分歧点，直到参会人对问

　　⊖　"合成谬误"指分开看每个部分都是对的，但是合起来不一定对。

题有比较统一的认识。

激发脑力。让每个人都发言，特别是让关注该问题的人多讲，对发言混乱和跑偏的人要及时打断。亚马逊开会有一个规则，不许使用 PPT，参会者需要在开会前静读 30 分钟会议相关文件，然后展开激烈的讨论，激发创意。

桥水公司创始人瑞·达利欧开会时遵循"创意择优"的原则，每个人开诚布公地讨论问题，发表自己的看法，面对疑难问题时，依靠可信度加权进行决策。

要真正做到"创意择优"，最大的挑战是，企业家能否放下自我和参与者平等地讨论问题，而不是担心自己的观点被挑战，害怕自己难堪。不可否认，企业家胸怀全局，是人中豪杰，但无数案例证明，官大"真理多"，位高"眼界阔"的现象是决策的灾难。既然要讨论，就是要激发每个人的脑力，决策者可以不采纳大家的意见，但不能不听取意见。一言堂的决策，表面看起来是决策者权威的确认，其实是团队智力资源的最大浪费。高明的企业家是善于激发大家脑力、汲取参与者的智慧、通过自己独立判断做出决策的人。

会议结论。除非会前明确会议是沟通会，不对议题做出决策外，正常情况下议题都要有决策结论，议而不决是管理大忌。企业运营过程中，企业家每天都要面临无数大大小小的决策问题，一定要及时解决，否则未被决策的事项可能又衍生出新的问题，议而不决就容易造成"元问题"没有及时化解，又衍生出无数"次生问题"。

对需要及时决策的事项，要给出明确的决策。比如投资决策会，开完会后，决策者要明确给出三种意见：同意、否定、下次再议。前两者都对讨论议题进行"闭关"或"打结"，下次再议的议题，也不能无限期拖延，需要在适当的时机拿出来讨论，否则就从未来需要讨论的议题中剔除，及时清扫议题这间"屋子"，避免议题堆积。

直觉和理性结合。决策是想象力、直觉判断、理性分析的结合。不要认为所有决策都是理性分析做出来的，决策要允许想象力存在，很多决策靠的是企业家的直觉判断和想象力。想象力有的时候说不清道不明，但就觉得某件事是对的。事实只要是真实的，就没什么可争论的，在有争论的部分，要允许想象力存在。好的决策是以事实为基础，充分发挥想象力的结果。

决策者也要有自己的判断力和想象力，不要简单地采取少数服从多数的办法决策。因为市场是变化的、客户是变化的、竞争对手也在变化，如果采用票决制，很可能是错的。

决策执行

我相信，没有过程的结果是偶然的结果，不可确信；没有结果的过程是无效的过程，不可复制。

决策执行时，盯过程、出结果，是个技术活。我的做法是：抓住关键环节、关注阶段成果、用对执行的人、及时纠错。

抓住关键环节。企业家脑子里边要有全局，同时要抓住全局中的关键环节。比如，自主研发一款新的疫苗，主要流程包括立项、做试验，产生试验结果、形成报告、向主管部门申报、主管部门审批、审批通过后生产。

兽用疫苗研发周期很长，需要 5～6 年。整个过程的时间跨度非常长，想做好过程管理，就要找到关键环节。比如做试验是一个关键环节，就需要特别关注，不定期检查这个环节的进度，既是对研发团队的督促，更是为了把握整个项目的进度，以便提供相应支持。

抓住关键环节带来两个好处：第一是你知道这件事情的进展，如果等团队搞了两三年没结果时再去关注，就已经晚了。第二是使参与研发的人知道，你在关注整个过程，这形成了一把达摩克利斯之剑。通过对一项重点工作或重点工作中重要环节的把控，产生以点带面的效果，使团队之间保持一定的压力，创造一种良性竞争的企业氛围，有利于激活整个组织。

抓住关键环节时可以搞突袭检查。如果发现了项目进程中的堵点，要及时排除。要对团队负责人提出要求，让他明确项目的节点，及时报告项目进度，反映需要解决的问题。没有检查就没有管理，没有监督也没有管理。

关注阶段结果。根据需要达到的结果，倒排时间点，查看每个阶段的成果。很多企业家定了一个大目标后，就等着员工在截止日期内把结果交上来。如果采取这种做法，员工常常很难完成目标。更优的做法是把大目标分解为季度、月、周目标，在每个时间点查看目标完成情况。

用对执行的人。用对的人干对的事，才能产生好的成果。关于如何识人用人，会在后面的章节中专门讨论，这里只是粗略谈以下几个方面。

任前谈话。用人时，不是给个任命状，发个通知就万事大吉了。事实上，被任命的干部不会因为任命而发生能力改变，所以企业家在任命干部的时候，要明确其在组织中扮演的角色、职责、权力边界，并指出其存在的短板。这样，被任命的干部在承担管理职责时，才会对标任前谈话的要求，主动调整自己，尽快适应新的岗位。

执行过程中，持续关注干部的成长。对干部成长的地方及时给予肯定，对其存在的问题要帮着仔细分析，人常常意识不到自己的问题。要及时解决执行过程中出现的问题，提供资源，如果问题不是干部那个层面能解决的，企业家应及时出面解决。学会包容干部存在的缺点，给予改进时间，让他慢慢由别人提醒变成自我反省。

此外，可以树立榜样。人与人之间会相互比较，我当年做管理时，非常喜欢开现场会。当时有四家工厂，谁在哪个车间或者某个地方做得特别突出时，我就召开现场会，让大家看到做得好的员工是怎么做的，并给予奖励。没做好的员工无形中产生了压力，这种外在力量会逼着他做得更好。

出了问题担责。谁任命干部谁负责，不要一出现问题就责备干部，这样不利于干部成长。要给干部创造成长空间，干部犯错了，与任命者有直接关系，企业家要能够把错误揽回来。当然，爱护不是无节制的，既要有爱护线，又要有高压线，对触犯了公司高压线的干部，要坚决清除。

当干部做出优秀成果时，要奖得"心花怒放"，即奖励要超出他的预期。反过来，当干部做错事时，也要罚得"胆战心惊"。

及时纠错。在决策执行一段时间一旦发现出错，绝不能碍于面子，要实事求是，及时纠错。

决策复盘

决策的最后一个环节是复盘，没有复盘的决策是不完整的，特别是对重大决策更需要复盘。

复盘要查看决策时的预期目标与实际执行的结果是否存在偏差。如果有偏差，要找到产生偏差的原因。可以从决策的科学性、有效性、艺术性这三个维度审视决策结果。

科学性。符不符合行业规律，尊不尊重常识。这个时候，要还原场景，不要用今天的环境去衡量当时的决策场景。

有效性。分析预期目标和实际结果之间产生偏差的原因，并寻找解决方案。如销售部今年的目标是3亿元，最终完成3.5亿元，此时就要详细分析这0.5亿元是怎么来的，是行情变好了、政策效应，还是销售员的努力等。如果是销售员的努力，是靠开发新客户，还是挖掘老客户？开发新客户，开发的又是谁？不要对结果偏差简单归因，而要找到真正的原因。

艺术性。在决策时，有一部分预期目标是靠赌、靠想象的，最后执行完，要去看一看实际结果与这部分之间的差距。找到差距产生的原因，有利于我们下一次做出更准确的决策。找到差距的原因或许很难，但这一过程能让我们更清楚地认识这种不确定性。

对重大决策复盘完成后，要形成档案。这些重大决策包括公司战略选择、影响公司走向的决策、重大人事变动等。这些档案是公司宝贵的财富，沉淀为组织智慧，企业家和决策者从中吸取经验教训，利于提升决策质量。

案　例

如何找到市场

当年我分管乾元浩的销售，没去现场调查之前，听业务员说禽苗市场容量有限，全国就 10 亿元左右的市场，公司做到 1 亿多元，已经碰到天花板了，业绩没办法增长了。

前面讲过，做决策前要发现真问题，显然业务员所说的市场难开发，只是表象，并非真问题。我认为真正的问题应该是"公司的市场增长潜力在哪里"。

于是我带着这个问题，和一线业务员一起走访了大量养鸡场、代理商、各级政府机关，参加行业论坛，查看同行的产品。一年时间，出差 250 多天，跑了 22 个省份，开了几十场座谈会。

从现场获得大量信息后，我逐渐建立了市场直觉。我发现，并不像业务员所说的那样，禽苗市场存在非常大的增长空间。

调查后，我立即在公司内部展开讨论，把整个禽苗市场分成了三类。

黄、白羽肉鸡市场。全国商品代白羽肉鸡在 60 亿只左右，白羽肉鸡 40 天左右出栏，单只鸡的疫苗费用为 0.15 元，市场容量大约 9 亿元。还有一种养殖周期更长的黄羽肉鸡，全国一年出栏 40 亿只，一只鸡所需疫苗费用 0.45 元，市场容量 18 亿元。

蛋鸡市场。全国 14 亿只蛋鸡，每只鸡的疫苗费用在 1.5 元左右，市场容量 20 多亿元。蛋鸡市场的客户注重疫苗质量和品牌，因为一只鸡要养 400 多天，如果使用劣质疫苗导致鸡死了，损失非常大。

种鸡市场。种鸡的市场价值最高，所需的疫苗费用也最高，一只种鸡需要 10 元左右的疫苗费用，客户选用疫苗时更谨慎，一般都选用进口疫苗，所以大部分种鸡疫苗市场被国外企业占领，使用国产疫苗的几乎没有。

我当时产生了一个疑问，种鸡难道不会得禽流感吗？为什么不打禽流感疫苗？在大胆假设下，小心求证，我们发现种鸡企业其实很想打禽流感疫苗，但它们对国产的疫苗不放心，国外的疫苗又无法进口。

那我们能不能为种鸡开发禽流感疫苗？后来发现，国内有一个外资企业梅里亚，在国内种鸡市场份额接近20%。公司已经和梅里亚有过合资办企业的经验，如果现在进一步合作，为乾元浩带来的不只是收入，更意味着乾元浩的产品能进入最高端的市场，利于黄、白羽肉鸡市场和蛋鸡市场的开拓。

后来，公司瞄准这三类市场制定了不同的营销策略。三年后，公司的销售收入超过4亿元，净利润超过1亿元。

如何带领团队打胜仗

前面我们从企业家的角度，谈到了企业家的修炼和如何提高决策能力，这是企业家的自我管理。企业家胸怀理想，期望通过自身努力，改变命运，实现抱负。但是，无论企业家自身能力多么杰出，都需要与他人合作，打造能够成就事业的团队。

如果说企业家的自我管理是企业管理的序章，那么带领团队共创事业才是企业管理的开篇。

团队是把年龄不同、知识结构不同、性格不同的个体集合起来，去实现一个共同目标的集合体。企业里的每个团队都有其特定功能。比如财务部，要把企业的账记清楚，分析公司财务状况，从财务角度提出管理建议；人力资源部由擅长人事管理的人员构成，负责人才的招、选、用、育、留等工作；营销部由擅长销售的人员构成，负责把产品卖出去。如果把企业比作人体，企业各个部门就相当于人体的各种器官，人体健康离不开器官的正常工作，器官也离不开人体而存在。同样，企业各个部门在企业这个组织中发挥自身的功能，又要支持其他部门更好地发挥它们的功能，以此实现企业整体功能。团队集合了企业内部的力量，使企业这个组织保持活力，为客户创造价值。

团队有大有小，一家企业可以称为团队，一个部门也可以称为团队，本章讨论的团队更多是指企业里的部门，本书后面会专门讲企业这个更大和更复杂的团队。

如何组建团队

几年前清华大学经济管理学院的 EMBA 项目在安徽举办年度会，其间组织参观"大包干纪念馆"。在这个坐落在安徽凤阳县小岗村的纪念馆里，生动展示了 1978 年冬天一个夜晚的场景：小岗村 18 户村民按下红手印，在全国率先推行"大包干"，由此开启波澜壮阔的农村改革。当年 18 户村民贴着身家性命干的事，变成中国改革的一声惊雷，成为中国改革的一个标志。

大包干第一年，小岗村粮食总产量达 66.5 吨，相当于该村 1955 ～ 1970 年间的总产量。震撼的故事和惊人的数字，无不冲击着人们的认知，引发无数人的反思。

小岗村是一个村级组织，大包干前后土地没有增加，自然条件没有变化，生产基础没有改变，有且仅有生产责任的改变——从集体变为自主生产，交够国家的，留足集体的，剩下的都是自己的，小岗村就发生了天翻地覆的变化。为什么？无数研究课题都得出了同一个结论：大包干的责任制顺人性。

团队是由人构成的，是人就有人性，因此要基于人性去构建团队。前面我们提到，团队里面的个体兼具自然人和经济人两种属性。

自然人是指生物学意义上的人，有生老病死、喜怒哀乐。经济人是指参与经济活动时，每个人追求自身利益最大化。经济人的概念来自亚当·斯密《国富论》中的一段话："我们每天所需要的食物和饮料，不是出自屠户、酿酒家和面包师的恩惠，而是出于他们自利的打算。不说唤起他们利他心的话，而说唤起他们利己心的话，我们不说自己有需要，而说对他们有利"。

在团队中，把自然人属性和经济人属性结合起来，才是一个"完整的人"。无论是企业家还是员工，人性都是相同的，只是在不同岗位上或不同场景里，从不同侧面展示人性。前面我们谈到，如果企业家不把自己当人，以高大上、伟光正的形象示人，他就不可能与员工同频共振，反而企业家的这种形象会成为他与员工沟通的厚墙。

自然人

人不管在哪个公司，都具有一样的特性——人性。经济学家、心理学家和哲学家对人性有各种各样的研究，我从管理的角度把人性总结为三点：欲望、恐惧、理性。

欲望。欲望是指想要达到某种目的或者获得某个东西的企图心，人人都有获得物质和精神满足的欲望。赚钱、获得社会认可、把企业做大等都是欲望。马斯洛的需求层次理论从人性的角度很好地解释了欲望，欲望是驱动企业家把企业做大做强的发动机。在不同阶段，欲望的表现形式或许不同。在早期，企业家为生存而极度渴望获得利润，随着企业规模扩大、企业的社会影响力增强，企业家渴望获得社会认可，再往后，企业家期望不断超越自己，实现人生价值。对员工来说，要买房、买车、为家庭创造更好的生活等欲望，驱动着他们好好工作。

无论是企业家还是员工，人的欲望类似动物的本能。不要压制和不承认人的欲望，而应该以中性的态度对待人的欲望，不能"存天理，灭人欲"。但是，欲望会受到社会道德、法律以及传统文化的约束，没有约束的欲望不仅对社会有害，而且会伤及人们自身。企业家要自律，学会管理自己的欲望。

恐惧。人对不确定性天然有种不安全感、恐惧感。人不知道的远比知道的多得多，对周遭环境的认识，对自己的认识，都有不全面的地方，这会让人产生恐惧感。规避恐惧的反面是寻求安全感，表现为逃避痛苦，追求幸福，期望维持熟悉的状态，不愿意冒险创新。

但是安全感不是一成不变的，随着外界环境的改变，原有的平衡可能被打破，需要建立新的安全感。安全感是相对的，不安全感是绝对的，或许人生就是一个安全感不断获得又失去，再获得再失去的过程。真正的安全感，不是来自物质、职位或者社会地位，而是来自内心的安宁。

理性。每个人都会基于各种各样的信息，在头脑中预测做完某件事情后的结果，进而寻找投入产出比最高的行动方案，这就是人的理性。理性驱使人学习、交流、自省、自我约束，但是随着年龄增长，人的经验越来越丰富，理性力量越来越强，人变得越来越相信自己的判断，从而拒绝向外部学习。

我最初刚接触任正非主张的开放、妥协和灰度的哲学观时，没有完全理解其要义。随着阅历越来越丰富，我才理解了开放、妥协和灰度，是任正非基于理性的人生智慧。保持开放是在告诉自己，自己是渺小的，山外有山，楼外有楼，只有保持谦逊，保持敬畏，虚怀若谷，才能"一杯咖啡吸收宇宙能量"。妥协是技术更是艺术，世界不是按自己设计的方式运行的，面对纷繁复杂的世界，面对客户的需求，我们唯有以同理心去理解对方，在合作中找到最大公约数，实现"双赢"。灰度是在告诫自己，世界不是非黑即白的，在黑白之间存在广阔的灰度区域，人与人之间的相处，不是为了争谁对谁错，而是在灰度里和谐相处。

人性不止这三个特性，但从管理的角度，企业家能认识到这三个特性，我觉得就可以了。企业家如果对人性没有基本的把握，就很难做到有效管理。

经济人

除了从自然人角度认识人外，在团队里面还要从经济人角度认识人性。人一旦加入某个企业，就要与周遭的人发生千丝万缕的联系。组织里的人就不再是单纯的自然人，而是扮演着组织分配的角色，担当着组织赋予的责任，这时候的人就是经济人。如果说自然人反映人的生物属性，那么经济人反映的就是人的社会属性，除非与世隔绝，人的社会属性都是存在的。

从经济学的角度，企业需要最大限度地挖掘每个岗位上的人的价值。如果一个人在组织里不是经济人，雇用他就没有价值。人力资源管理的目的就是最大限度地挖掘每个人的价值，实现每个人的价值最大化，进而实现企业价值最大化。

企业里的人，期望个人价值得到认可，期望通过发挥个人价值为企业创造价值。如果企业家也是出资方，他就会期望资本得到最大化的回报，于是容易出现劳资双方的矛盾。好的企业非常善于处理劳资关系，在劳资双方之间找到平衡。

随着时代的进步，技术和管理成为企业制胜的关键要素，而技术和管理背后的决定因素都是企业里的人，人在企业中的价值日益凸显。大量企业通过股票期权，把企业的未来与骨干员工的利益绑定在一起，这都是为了更好地发挥人的作用，实现人力资源向人力资本转化。

团队里的经济人作为一种人力资本，具有以下三个特征。

产权归个人。任何一种资本，都要先弄清楚产权归谁所有。人力资本作为一种资本，也有产权。个体的产权是不是归组织呢？不是！产权永远归个体。员工的长相、身高、体力、知识、技能都是产权的一部分，都属于个体本身，不属于任何组织。很多国有企业为什么做不好？因为资金、厂房、设备都可以是国有的，但发挥关键作用的是人，人的产权并不是国有的，如果国有企业没有从经济人的角度去激励员工，就不能激发其积极性。换句话说，其他生产要素都是 0，人是最前面的 1，后面的 0 再多，没有前面的 1，永远是 0。

利益最大化。正是因为产权是个体自己的，所以个体会追求个人产权价值最大化。在企业里，每个人都希望工资高，希望跳槽去工资更高的地方。工资本身就是人力资本的市场化定价，工资越高，从市场的角度就反映人的价值越大，资本回报就越高。人力资本的私有属性，决定了人在企业里对价值的追求。很多企业家不能接受员工主动提出涨工资的要求，其实就是没有认可人才的市场化定价。

在人才允许流动的前提下，人的价值会在人才市场里获得价格发现，这一点不容置疑。所以优秀的企业会在企业内部建立充分竞争的人才机制，让每一个参与竞争的个体都充分发挥自己的价值，并接受企业对自己价值的定价，以此建立基于人性的契约，这是一种稳定而健康的劳资关系。

主动权。产权在个体手里，能否把价值最大限度地发挥出来，主动权在于个体。这就意味着，企业只能用员工的工作成效衡量他的价值，而很难知道他到底有多少潜力没有发挥出来，员工可以竭尽全力为企业工作，也完全可以出工不出力。企业很难准确衡量员工的主观能动性，无论外在约束多么强烈和严格，主观能动性的发挥程度，只有员工自己最清楚。

所以企业激发员工主观能动性的最有效方式，是依靠员工的内驱力而不是外部约束。这在人力资本开发过程中，是一个非常重要的发现。人的主观能动性能不能被激发出来，如何激发出来，是人力资本开发的重要命题。把公司环境搞好、高工资、高福利、给予员工成就感，都是为了激发员工的主观能动性。

一个团队里面的人，有自然人和经济人双重属性，他在组织里面才是完整的，两者缺一不可。团队就是由具有以上两种属性的人构成的。

如何引领团队

团队是为满足企业的内在功能要求而分化出来的组织单元，团队需要实现企业所要求的功能，比如研发部需要根据企业布局，不断开发新产品，实施新工艺，创造新模式，让企业的创新这个功能得以发挥。战略规划部需要关注行业变化，研究客户需求，了解竞争格局，为企业的发展做出战略布局。

但是，企业中的每个团队不会因为被赋予了某个功能，就能很好地发挥这个功能，况且每个团队也有自身利益诉求。所以实现团队功能不是一件容易的事，需要企业家在其中发挥领导力。

管控冲突。企业里面的冲突不可避免，企业家要正视冲突。每个团队被赋予的功能不同，发挥作用的方式也各不相同。每个部门都会有意无意地维护自己部门的利益，所以，部门与部门之间难免存在冲突。比如，生产部门和销售部门经常起冲突，销售部门怪罪生产部门不能按时排班生产，生产部门抱怨销售部门销售计划报得不准确。

除此之外，团队中个体与个体之间也存在冲突。良性的冲突可以视为一种推动团队前进的动力，但恶性的冲突可能破坏团队内部氛围，消耗团队的活力，要尽量避免。如何辨别冲突是良性还是恶性的呢？关键看冲突是为客户创造价值，还是为谋取部门或者个体自身的利益，前者是良性冲突，后者就是恶性冲突。

既然团队冲突不可避免，那么化解冲突的方法就非常重要。团队冲突产生的原因各不相同，但从根源上看不外乎两种情况。

一是认知不同。每个人都有自己分析问题的视角和方法，同一个问题，从不同的角度看待，会有不同的认知，盲人摸象讲的就是这个道理。在一个讨论问题的场域，比如会议室里，每个人都只能基于自己的认知对同一个问题发表看法。其实每个人都有认知盲区，如果固执己见，就难以达成共识。

二是受情绪影响。每个人在不同时间阶段，情绪会有所波动，这导致人的不理智。比如团队成员之间已经因为对彼此的成见而产生了对立情绪，这时再讨论问题就很难客观看待对方，即使知道对方言之有理，也会拒绝接受对方的观点。

化解冲突最有效的方式是沟通。沟通的秘诀是坦诚，沟通的方式是换位思考，沟通的基础是事实而不是情绪。

在企业家带领团队的过程中，化解冲突是非常重要的工作。

但并不是所有的冲突都能人为化解，许多冲突需要时间来化解。比如团队成员之间的成见，需要花大量时间，通过彼此加深了解，不断磨合，逐步化解。即便如此，有的冲突也无法化解，因此要允许冲突的存在。

建立协作机制。团队内部以及团队与团队之间，都存在协作。协作一定要建立规则，抑制那些只希望个人利益最大化的行为。这个规则本身是一个契约，表现为两样东西——制度和流程。

用制度和流程，让团队之间的协作变得更加顺畅。比如，企业的目标是明年实现销量翻番，那么就要将这个目标分解到各部门，做到"千斤重担人人挑，人人身上有指标"。部门内部协作就如演奏交响乐，乐师根据乐队指挥的引导，演奏自己的乐器。部门之间的协作比部门内部协作更难，更加需要建立制度和流程，让大家的行为在一个频道上。

建立协作机制的秘诀在于"制度管人，流程管事"。

用制度管人，规范人的行为。企业里面的制度是指成员共同遵守的规章和准则。公司只有几个人时，有没有制度差别可能不大，但是当公司人数到达一定量级后，如果没有制度，整个公司将会乱成一锅粥。比如，如果公司没有规范上下班考勤制度、会议制度，员工上下班和开会就会松松垮垮。

用流程管事，提高协作效率。流程有很多种，常见的流程包括公司整体业务流程、某项具体事务的流程。很多企业不注重流程的建设，导致员工不断犯同样的错误。麦当劳是企业流程管理的典范，走进全国任何一家麦当劳门店，食物的口味以及服务的质量几乎是一样的。这得益于麦当劳建立了一套完整的流程规范，汉堡做多大、薯条炸几分钟、几分钟出餐，都有详细的规定。新招聘的员工只需要经过简单的培训，按照流程规范和操作细则，就可以上岗工作。

尊重团队利益。团队是一个人格化了的单元，把每个追求个人价值最大化的人放在一起，就构成了团队。因此，每个团队都追求其自身价值的最大化。

我在管理企业的早期，感觉有的部门经理没有大局意识，不站在公司的角度考虑问题。后来，我认识到团队成员有经济人的一面，比如财务部经理凭什么要站在公司角度考虑人力资源部的事，替人力资源部考虑而不替自己部门考虑，这不符合人性。因为如果替别的部门考虑，而不为自己部门争取资源，这个部门经理就很难在部门里面树立威信并立足。

在现实中就是这样，没有哪个公司的财务部经理会说，不用考虑财务部，考虑人力资源部就行。当然偶尔说一次有可能，总这么说就不符合人性。团队负责人是要对团队负责的，比如财务部经理希望财务部门的价值最大化，争取公司更多资源向财务部倾斜。对这种现象，企业家要接受和认可，而不是一味打压。

基于以上认识，团队之间会出现搭便车的现象，都希望别的团队冲在前面，自己团队搭便车，即少付出多收获。在企业里面，这种现象非常普遍，团队无论大小，都希望搭便车。从人性角度看，这是很正常的现象。

管理不是杜绝搭便车的现象，而是要建立机制，把搭便车的行为转化成如何帮助其他团队更好地发挥作用，鼓励价值创造和价值分享，促进团队合作，减少冲突、降低内耗。

企业整体价值最大化才是最终目的，如果每个团队都只是站在自己的角度考虑问题，那么企业整体价值怎么实现呢？这时就要发挥企业家的作用，一方面要认可各团队的利益诉求，另一方面要从企业大局出发，明确原则——团队不得以损害企业价值的方式追求团队价值最大化，检验团队功能发挥好坏的标准是团队为企业创造的价值。企业家要承认团队自身价值追求的存在，但是团队价值不能先于企业价值，更不能在企业价值之外获取团队价值。

如何建设团队

如何提升团队的整体能力，这其实是一个管理的难题。或许每个企业家都有自己独特的体会，我在带团队的过程中，也反复思考，并通过不断的实践去解答这个问题。直到系统学习国学之后，我慢慢体会到，中国几千年的发展历史，沉淀了丰富的管理智慧。

比如哲学家冯友兰对诸子百家起源的梳理。他认为，原本高居庙堂的贵族精英，在兵荒马乱的春秋战国时期散落民间，各自发挥自身优势，擅长讲授经书并长于礼乐者成为"儒士"；精通兵法者成为"侠士"；擅长辩论者成为"辩者"；擅长巫术者成为"方士"；擅长纵横捭阖者成为"法术之士"，进而演变为儒、墨、道、名、阴阳和法家等诸子百家："儒家者流，盖出于文士；墨家者流，盖出于游侠之士；道家者流，盖出于隐者；名家者流，盖出于辩者；阴阳家者流，盖出于方士；法家者流，盖出于法术之士。"⊖

通过以上诸子百家起源的梳理，我们看到了中国文化的脉络，无论是早期的诸子百家还是后来儒释道的文化演变，都蕴含着中华文化内在和谐的传统。我不是历史学专家，没有专门研究过为何四大文明古国只有中国依然矗立于世界民族之林，但从上述思想智慧里我体会到了中国社会治理"情理法"的内在平衡性。所以我在过去的企业管理实践中自觉构建这种平衡，且取得了很好的效果，在这里与大家分享。

情

我从如何理解"情"、如何用"情"带团队这两个维度说明情在团队建设中的作用。

"情"在团队中体现为团队共有的价值观，既看不见也摸不着，但是在组织里面的每个人都能够感知得到。"情"是团队形

⊖　冯友兰. 中国哲学简史［M］. 北京：北京大学出版社，2013，32.

成的某种价值观，团队做事时形成的某种心灵契约。比如阿里巴巴形成的拥抱变化的价值观，稻盛和夫倡导的敬天爱人。"情"可以体现为财务部替公司考虑哪些钱该花、哪些钱可以省，也可以体现为团队内部平等相处、沟通顺畅。

怎么让"情"在这个团队中发挥作用？这就需要发挥非正式组织的作用。

企业里面除了划分好的部门之外，人与人之间还会根据兴趣爱好进行私下交流，形成一个个的小群体，也就是"非正式组织"。在这些组织里，通常都有个意见领袖，他们对团队氛围有直接的影响。

作为企业家，下班后和员工打打球或者聊聊天，你会获得很多在正式组织中难以获得的信息，而这些信息往往是员工最真实的想法，由此企业家能了解到员工对公司的真实态度。

除了发挥非正式组织的作用外，还要通过在企业里面树立标杆、传播典型故事等方式宣传企业文化。我之前每年都会总结企业里面的典型故事，比如某个员工半夜给客户送疫苗，员工骑摩托车几十公里去给猪看病。发生在身边的故事内容是丰满的，很容易打动人。

用"情"带团队需要把企业文化变成具体行动。企业文化不是贴在墙上、挂在嘴上的东西，而是要变成一个个具体行动。创始人提倡要人人坦诚，结果自己天天说假话，下面的人能坦诚吗？只有行动才能让企业文化有活力。

理

员工留在一家公司的理由无非三点：一是薪酬，工资奖金尽量高；二是事业，个人成长，能力成长，职务晋升；三是环境，团队氛围友善。

员工都希望自己的投入产出最大化，因此企业要设立一套机制，让员工有公平感。当然，不是绝对的公平，而是相对的公平。公平来自建立一套价值创造、价值评估、价值分配的利益机制。

价值创造，就是怎么把蛋糕做大。德鲁克认为企业有且只有两个基本功能：营销和创新。如果每个人的工作都和价值创造有关，少开无聊的会议、少争论无关紧要的事情，企业的蛋糕会越做越大，这也是常说的高绩效。

价值评估，就是评估做的蛋糕到底有多大。不要认为每个人都清楚蛋糕到底有多大，更不要把价值简单地理解为创造了多少收入和利润。公司品牌知名度提高，也是公司价值的提升。去年大客户有 10 个，今年变成 20 个，多出来的 10 个大客户会带来潜在增长，这也是公司价值的提升。所以，评估蛋糕时，要从多个维度进行，不能简单地等同于收入和利润。

最后才是价值分配，也就是怎么切蛋糕，这是个技术活。蛋糕怎么切，反映了企业家的价值观。按理说，谁创造价值多，谁分到的就多。可是怎么评价每个人创造价值的多少呢？销售人员可以按照销售指标来评估，但对人力、行政和财务等服务部门的员工，用什么样的指标把收入和他们创造的价值挂钩，这很考验分配价值的技术。

一个基本的原则是，一定要公平。公平不是指公开每个人的奖金数额，但可以公开奖金算法，让每个人都知道自己的奖金是怎么来的。人力资源部很重要的一件事情，就是把怎么分蛋糕的规则制定并且公示出来，让所有人都知道。

法

"法"就是要明确在团队当中哪些事可以干，哪些事不能干。

"法"等于激励加约束。激励一定是顺人性的，约束一定是反人性的。约束是一条高压线，会让人有不舒服的地方，碰到了就会受到惩罚。通过约束机制，大家会在考虑自己利益的同时，把自己的价值转化为团队所需的价值，让企业蛋糕在大家共同的努力中变大。

"法"在操作层面，表现为建立一套制度和流程体系。这套体系要先简后繁，不要一开始就搞复杂。

任何一家公司都有制度和流程，最根本的问题是怎么贯彻执行。不是简简单单地宣传，最重要的是要能够找到正例和反例印证。比如公司的考勤制度规定早上9点上班，下午5点下班。如果这个制度制定之后，就没人迟到过，也没人早退过，那这个制度就没有必要存在。一定要有迟到和早退的案例，对违反制度的人要通告出来，这样制度的执行才能被看见。制度颁布后，一定会有遵守的人或不遵守的人，一定要把这两类人的行为彰显出来，这个制度才有存在的价值。

制度要写得清晰明了，人人都能看懂。把做到的写下来，把写下来的做到，这是基本原则。制度应从管理的实际需要出发，对于中小型企业，制度越简单越好，没有制度可以先做起来再规范。

制度一定要动态调整，每一年对制度进行修订。制度修订不是闭门造车，而是要让员工一起参与。当然，制度也会有不合理的地方，这时要在执行后，拿结果来检验制度是否合理，是否有效。

情的维度，也就是文化的维度；理的维度，也就是价值的维度；法的维度，也就是激励和约束的维度，由这三个维度形成的整体，我认为就把团队管理的方法涵盖了。

农业企业的团队引领

与其他行业的企业有所不同，农业企业的工作场景在农村，服务农业，面向农民，在城乡之间穿梭。

因此，农业企业的团队表现出不同的特点。首先，农业企业的人才密度不高，能力千差万别，员工具有明显的区域性特征。其次，员工活动空间更广，因为农业的市场活动空间很广，细分领域众多，经营活动在农村和城市之间来回移动。就像卖饲料到养殖场，由于养殖场分散在各个区域，因此员工的移动空间很广。最后，服务对象差别巨大，无论是供应商还是终端服务的客户，能力千差万别、性格千差万别，服务对象所在地的风土人情也千差万别。

在带团队时，企业家要认识到上面这些现实情况。认清现实后，才能有针对性地进行人力资本开发。这里讲几个原则。

专业的人干专业的事。随着农业企业的发展，企业对人才的专业性要求越来越高，更需要专业的人干专业的事。有的人擅长商务，有的人擅长技术，有的人擅长讲解产品，只有把各种专业人才结合起来，才能更好地为客户服务。因此，企业要招聘或者培养某个领域的专家，不断提高人员的专业能力。

地域性人才和全国性人才结合。在选用人才时，要把地域性人才和全国性人才结合起来。即便公司只在一个区域发展，也建议用一点区域外的人才，这样可以让文化相互影响，让组织更加有活力。如果是全国性的公司，则在区域内要用一些本地人才。中国地域广阔，每个区域都有独特的风土人情。比如销售人员选本地的，他们更了解本地风俗习惯，即使出差，其活动半径也相对较小，也利于节省出差成本。

选择比培养更重要。招聘人才和培养人才都重要，但选择人才比培养人才更重要。把更多精力放在人才的选择上，优秀的人都是选出来的，而不是招来的。当然层次不同可能要求不同，尤其是中层、高层更是选出来的，基层员工可以通过培养，使他的专业性有所提升。但选人一定是第一步，在公司内部也有人才选用的问题，把合适的人放在合适岗位上，更能充分发挥他的个人价值。

　　及时激励比长远激励更有效。我的体会是从事农业行业的员工，非常需要及时激励。一是员工收入普遍偏低，需要及时支付薪酬以满足其必要开支；另外员工大部分来自农村，随时需要花钱，希望能快点拿到钱。员工更相信当下的激励和及时激励，比如半年或者一个季度就给予激励。上市公司可以通过股权、期权激励员工，但是对大部分中小型农业企业而言，股权、期权的时效性太差，一般效果都不好。

如何让团队融入组织

人的身体经过数亿年的进化，形成了一个精密的系统，无数细胞构成多个分工明确的器官，器官相互关联共同支撑着具有生命力的身体。企业也是一个有生命力的组织，无数个独立的个人组成部门，多个部门相互配合，构成企业组织。

人因健康而长寿，企业因有活力而长久。不学无术、自我封闭的人只会日益闭塞，同样，故步自封、不思进取的组织只会走向衰败。

人有生老病死的周期，组织也有从兴盛到衰败的过程。人需要靠锻炼、营养、好的心态保持身体健康，组织则需要靠"折腾"、注入正能量和健康的文化保持组织活力。人不能长生不老，组织没有基业长青。

企业是由一群来自五湖四海的人，为实现个人和企业的目标而走在一起构成的组织。前面从个体的属性入手，谈到了带领团队的方法和路径。下面将重点讨论由小团队构成的更复杂的团队——组织的管理问题。就如人体每一个器官的功能单一而明确，但人体结构是复杂的一样，单个团队的功能是明确的，而组织的功能是复杂和系统的。企业家就是要把简单的团队融入复杂的组织之中，以此提升组织的战斗力。

组织的精神

企业是有生命力的组织，在不断变化的市场中发挥组织能动性，为客户创造价值。外界压力促使企业不断成长，组织活力反映了企业的健康状况。

如何激发组织活力一直是人力资源专家关注的课题。根据我多年经营企业的经验和教训，以及对数百家成长型农业企业的观察，我认为组织首先要有精气神，就如一个学生想要取得优异的学习成绩，首先要有健康的三观和强烈的进取心，并付出艰苦努力。

组织的精气神表现为企业的精神面貌：是积极向上还是消极低沉，员工之间是相互抱怨还是彼此鼓励，企业的主流价值观是诚实守信还是投机取巧。凡此种种，都是组织精气神的外在表现。

组织的精气神的内核是创始人为企业注入的精神气质，表现为企业的使命、愿景、价值观。但在管理工作中，不少企业把企业文化等同于使命、愿景、价值观，老板关起门来想几条口号挂在墙上，就以为建立起了企业的文化内核，这种做法是无效的。

组织的精气神反映了创始人的价值观。温氏集团的核心价值观是"齐创共享""温氏食品，人人有份"，非常通俗易懂。温北英先生在带领七户农民创业时，就怀着共同分享企业经营成果的初心，这个初心贯穿在温氏集团几十年的发展历程中。当成鸡的市场价低于与农户签订的合同价时，收购越多就意味着亏损越多，温氏集团仍然选择了即使自己亏损也要按合同价收购，这背后反映了温氏集团的企业价值观。在温氏集团还没有上市的时候，主要员工都持有温氏集团的股份，并且建立了内部交易市场，员工如果需要用钱，可以提前卖出自己的股份。前面曾经分析过温氏集团的商业模式，这个商业模式有个底层价值观，就是温氏集团愿意分享经营成果。

企业由来自五湖四海的员工构成，每个员工成长背景和价值观有所不同，如何把个性不同、价值观各异的员工联结在一起呢？这就需要建立组织的价值观。

组织的价值观起到统领作用，要想贯彻执行，需要满足以下几个条件：

一是组织主张。企业的价值主张就是企业的价值观，比如腾讯主张的科技向善，亚马逊主张的客户至上。

二是员工信服。这里的员工是包括高管在内的所有公司成员，也就是说企业价值观既来自员工又要回归员工。

三是高管带头坚守。明茨伯格认为管理者扮演人际角色、信息角色和决策角色[⊖]，管理者处在企业运营的中心，他们的行为示范作用是一般员工不可替代的。言行一致的管理者是企业价值观最好的示范者。反之，一个口是心非的管理者也是企业

⊖　亨利·明茨伯格.管理工作的本质［M］.北京：中国人民大学出版社，2007.

价值观最大的破坏者。管理者在台上讲一千遍，不如自己示范一遍。

四是企业决策的最终判断标准。企业价值观是企业区别于其他企业的精神内核，也是企业经营决策的最终判断标准。例如亚马逊主张客户至上，于是它始终围绕价格、物流和产品选择三个维度提升客户价值感知，当企业的经营行为与上述三个维度发生冲突时，一定不会选择牺牲客户价值。

以上四条是我在实际经营中的真实体会。2002年，我牵头以中牧股份的两个疫苗工厂为载体，重组疫苗企业。通过两年的艰难磨合，以当时国内唯一有生产亚洲一型口蹄疫疫苗合法资质的保山厂，以及当时中国兽医药品监察所下属的中海厂，与中牧股份下属的南京厂和郑州厂，加上中国农业大学的专利技术，按照上市要求组建了乾元浩公司。2004年刚刚成立的乾元浩是一家年轻的老企业，说它老，是因为四个工厂平均厂龄超过50年，1 400多名员工平均年龄超过40岁，新加盟的两家工厂原来都是按照事业单位的要求管理的。说它年轻，是因为乾元浩是刚刚成立的企业。

面对这样一个员工来自四面八方、原属不同体制、工厂分散在不同地域的企业，如何管理的确是最大的挑战。我在拜访客户的同时，只要有机会就去做员工家访，那些朴素的脸庞、简陋的住所、艰苦的工作条件还有他们家人的殷切期盼，让我明白要把人当人看，把事当事办，把企业当企业管。

只有把企业经营好，才能对得起他们的信任，我真诚地期望把企业建成学校，让员工在工作中成长；把企业建成家，让员工有归属感；把企业建成船，载着员工到达胜利的彼岸。只要管理者用真心换真情，员工心中的暖流就可以相互传递，当一种正向的价值观在员工心中流淌时，企业组织就可以爆发无穷的力量。

时间证明，当"美好生活从点滴开始"的核心理念，"用心做事、立即行动、开心工作"的价值观被员工从心底接受的时候，每个员工都是组织的发动机。薪酬的提升、工作环境的改善和事业的成就把1 000多名员工紧紧联结在一起，爆发出难以想象的力量。当我离开这个组织总结自己过去的历程时，更加坚信企业价值观是组织的灵魂，是影响企业经营的无形力量，更加坚信自己当年提出的"无形决定有形"。

案　例

乾元浩生物股份有限公司《共同行动纲领》节选

第七条　核心理念

"美好生活从点滴开始"。

具体地说，人们对"美好生活"的追求有三层含义：

首先，一个现代意义上稳定和谐的美好社会生活离不开食品安全，乾元浩就是要以自己生产的高质量的生物制品保障人民的食品安全，保障人民的身体健康。同时，乾元浩要通过企业自身的迅速发展，经济实力的迅速壮大，来推动中国畜牧养殖业的发展，为人民生活的改善贡献力量。

其次，维护客户的利益是乾元浩义不容辞的责任。乾元浩要树立为客户创造价值的理念，用自己安全、稳定、高效的生物制品和无微不至的服务预防动物疫病对畜牧养殖业的危害，使成千上万的养殖业客户的经济利益得到保障，使他们的生活日趋美好。

最后，上述两个层次的追求不仅是企业的奋斗目标，而且是乾元浩每一名员工的奋斗目标。乾元浩的每一名员工都要通过自身不懈的努力和诚实的劳动，推动民族的振兴、国家的进步，从而使整个社会的生活变得更加美好。同时，他们也在这个过程中实现了个人价值与集体价值的统一，在企业的发展中使自己获得了美好的生活，在为他人幸福努力的过程中实现了自己的幸福。

"从点滴开始"有三层含义：

第一，"点滴"是兽用生物制品行业动物免疫的形象表达。"点滴"源于动物免疫中点眼滴鼻的免疫方法，喻示着用点滴的疫苗为动物预防疫病提供保障，开创动物的美好生活。

第二，"点滴"是乾元浩的产品——动物疫苗的具体形态。"点滴"意味着乾元浩高度重视这一点一滴的产品质量，并通过这一点一滴的产品去达到为整个社会创造美好生活的目的。

第三，"点滴"这一形象描述的引申义，是指乾元浩在服务、经营、管理的全过程中高度重视一点一滴的细节，在企业活动的每一环节中都要求做到细致入微，不断追求完美。

只有"从点滴开始"，从细节做起，通过我们不断地实践和创造，积沙成塔、集腋成裘，才能创造出我们共同的、全面的美好生活。

"美好生活从点滴开始"把企业的终极目标、客户的具体利益、员工的价值实现，以及通达这一目标的措施手段有机地融为一体，并高度凝练地表述出来，是乾元浩企业文化精神与核心价值观的真实写照。

第八条　企业精神

用心做事、立即行动、开心工作。

"用心做事"体现观念问题，表明乾元浩人脚踏实地、坚定执着、一丝不苟、不断追求美好生活的工作态度。

"立即行动"体现执行力问题，表明乾元浩人令行禁止、雷厉风行的工作作风。

"开心工作"体现文化问题，表明乾元浩人追求幸福、乐在其中的文化氛围，"开心"的体现就是要达到为员工谋取福祉、为客户创造价值、为股东贡献收益的目的。

第九条　服务理念

一点一滴，全心全意！

"一点一滴、全心全意"既是乾元浩人的铿锵承诺，也是乾元浩人对信念的执着追求，有三层含义：

首先，表明乾元浩坚持产品质量至上。产品质量是我们一切工作的出发点，要在一点一滴中用安全、稳定、高效的产品树立品牌形象。

其次，表明乾元浩在产品售前、售中和售后服务方面，始终坚持诚信、认真的态度，为客户创造价值。

最后，体现乾元浩人的人生态度，是广义上的服务，表明乾元浩人对待所有的人和事，都要奉行用心做事、从点滴做起、全心全意的服务理念。

第十条　文化建设

企业文化是公司未来发展必不可少的竞争法宝，企业文化建设是公司发展的一项战略决策，一方面要统一融合公司文化，另一方面要继承、发扬和创新优秀文化。

要充分发挥企业党、工、团、妇等组织在企业文化建设中的主导作用、纽带作用和载体作用，坚持精神文明建设和物质文明建设两手抓、两手都要硬的方针，通过各种形式的思想教育和特色活动的有效开展，不断丰富和完善企业文化的内涵，促进企业社会效益和经济效益的协调发展。

企业文化建设的关键在于要让文化经历从理念到行动、从抽象到具体、从口头到书面的过程，要得到全体员工的理解和认同，将企业文化转化为员工的日常工作行为。要充分利用公司内刊、论坛、行业刊物、互联网、形象识别系统等各种媒介作为宣传平台，弘扬企业文化。

组织的活力

如何评判组织活力

"组织活力"是一个比较虚的词。一家企业的组织活力强，另一家企业的组织活力弱，是根据什么标准判断的呢？

组织活力的评判标准很多，归根到底有两个维度。一是对内能否充分发挥每个人的长处，所谓人尽其才，就如小岗村的"大包干"，因为它把人的潜能释放出来，使得整个村级组织表现出巨大的活力；二是对外能否更高效地为客户创造价值，效率越高，组织活力就越强。

有人会说，还要看组织架构是否合理等维度，实际上那些都是基于这两个维度的延伸，组织架构设置得再完美，只要里面的人干得不痛快，组织就没有活力。把其他要素都剔除，我认为这两个维度是检验组织活力最基本的维度。

第一个维度：人尽其才。 管理者的一个职责是充分发挥每个人的长处，使他们共同完成任务——发挥自己的长处，发挥同层级的长处，发挥上级的长处。怎样充分发挥每个人的长处呢？

第一，有合理的薪酬，让员工觉得受到公平对待，他的付出得到了合理的回报。

第二，有成长的通道，让员工在事业上有成就感。这个成长通道看得见、摸得着，晋升通道是公平、公正、公开的。

第三，有归属感，让员工在企业里面身心愉快，得到领导认可。

这三个方面，分别代表薪酬、事业、氛围，一个组织最重要的就是从这三个方面激发员工。一个员工在这三个方面被相对公平、公正、公开地对待了，企业才有产出。留住员工也可以从这三个方面考虑，可以通过薪酬留人、事业留人或者氛围留人。

员工有产出是组织有产出的前提，如果不能创造让员工有产出的机制，组织活力就无从谈起。

第二个维度：高效地为客户创造价值。世界上最难的事，是把知识装进别人脑袋里和让别人把钱装在你的口袋里。客户购买产品或服务，是认可企业带给他的价值，持续购买是对企业最大的奖赏。组织有活力意味着形成了企业为客户创造价值的正向循环，即企业持续为客户创造价值，企业就有利润，利润可以用来吸引更优秀的人才、培养团队、扩大再生产，进而为客户创造更大的价值。

价值有大小，总得有一个衡量指标。这个衡量指标是组织效能，即在相同的生产要素下，产出量的多少。汽车加一升油，开的距离越远，说明其油耗越小。组织效能也类似，相同投入下，产出越多，说明组织效能越高，越能更高效地为客户创造价值。商业竞争离不开效率，没有高效为客户创造价值的能力，组织也将失去活力。

如何激发组织活力

在描述组织活力时，通常借用物理学中"熵"的概念。熵是用来度量一个系统无序程度的指标，熵值越高，说明系统越混乱，反之就越有序。借用在企业之中，组织的熵值越大，就说明组织活力越弱，反之活力越强。

因此，保持组织活力就要不断对抗熵增。在一个封闭的容器中，分子运动会变得越来越无序，导致熵值不断增加。对抗熵增，就要把容器打开，让新的能量进入容器，重新回归有序。在没有外界干预时，组织的熵值会不断增加，想保持组织活力，就要从外部吸取能量。这也是为什么企业需要不断学习，不断与外界交流，并且在内部构建竞争机制。

激发组织活力需要对内激活，对外开放。

对内激活。对内激活的方法很多，这里我提几条容易被忽略但是很重要的方法。

通过沟通化解组织内部冲突。人是组织的最小单元，人构成团队，团队构成组织，人是组织这个"身体"里的"细胞"。人人都想逃避痛苦，追求快乐，期望责任小、功劳大，这就导致在组织中冲突不可避免。企业家不要鼓励人与人之间的斗争，也不要鼓励部门之间的斗争，而是要及时化解冲突。有的企业家就容易犯这个毛病，想让两个部门之间有一些斗争、相互制衡，便于管理，实际上这是部门之间的内耗。只有部门协同，降低沟通成本，组织才有活力。

形成鲶鱼效应。一方面，组织是由人构成的，趋利避害是人的本性，这种内驱力可以驱使员工努力工作；另一方面，组织形成的环境压力也能驱使员工不断进取。鲶鱼效应是指在一个组织里，引入能力强的"鲶鱼"，以此打破现有团队形成的能力平衡，造成环境压力，激发员工的内驱力。

沉淀组织智慧。组织发展过程中有成功的经验和失败的教训，这些都是组织的财富。成功的经验固然可贵，但成功都是有条件的，一旦外在条件发生变化，成功的经验便不可复制。而企业为失败付出了实实在在的代价，分析失败案例是节约管理成本的有效途径。

分析失败案例往往意味着翻旧账，可能牵涉过去的管理者，这是许多"聪明"的企业家不愿意采取的策略。新官不理旧账似乎成为管理的潜规则，这让一次次失败的代价付诸东流，企业不断重复过去的错误。我当年的做法是，先制定失败案例必须公开的规则，之后带头执行，这样就解除了大家对失败案例的"恐惧"。比如我规定开会迟到要罚款 100 元，在公布这个规则之后，如果第二天开会我迟到了，那我就带头交罚款，之后大家就坚持下来了，这也算是带头分析一个小小的失败案例。

企业每天都在犯各种错误，能否面对这些错误，决定了企业能否积淀组织智慧。一家敢于面对自身失败过失的企业才能进步。分析总结企业经营过程中的失败案例，有利于后来的企业家学习借鉴。

对外开放。要从外部吸收各种信息，包括批评组织的信息。前面讲到，只要是一个封闭的容器，里边的分子就会越来越混乱，熵会不断增加，想对抗熵增，要从外部吸收能量。领导团队要用开放的眼光和心胸面对外部世界。

对市场保持敏锐，让市场信息第一时间进入企业。企业是一个开放系统，要保持市场敏锐、不断捕捉市场信息。市场是源头活水，不要关起门来发展企业，不要从自身出发，而是站在客户的角度想问题。要让市场信息成为管理的起点，把客户抱怨作为改进工作的起点，让客户的需求成为工作动力，把客户的痛点变成产品的卖点。

向同行学习。关注同行的动态能让企业从另一个维度了解市场，感知市场的变化。要把关注同行动态变成一种习惯，采取见贤思齐的态度，而不是认为同行都不如自己。

主动捕捉企业所在细分领域的前沿动态。一个方法是交朋友，交一些政府的朋友、科学家朋友、同行企业家朋友、第三方服务机构（如管理咨询顾问、媒体、律师等）朋友。通过这几个群体，既能获得政策信息，又能获得科技动态，还能了解其他企业的优秀做法。

农业企业组织

农业企业组织除了具备所有组织的共同点外，还有以下独有的特点。

　　组织形态多样。农业涉及 100 多个细分领域，包含 390 万个家庭农场、220 余万个农民合作社、近 10 万家县级以上农业产业化龙头企业、140 多家上市公司、8 000 多个农业产业化联合体等，组织形态千差万别。前面讲到的提升组织活力的方法，都比较宏观，而且因为组织形态各不相同，也不可能用一种方法解决农业企业的所有组织管理问题。

　　空间跨度大，地域分散。农业企业的地域分布差异很大。如我国 119 家（截至 2020 年底）兽用生物制品生产企业，分散在全国各地，一个省里面可能只有几家，一些大型的农牧企业可能在全球有几百家工厂。反观汽车制造业，在一个区域内就可能积聚上下游几千家相关企业，产业积聚效应明显。

　　员工多样化。农业企业员工的学历结构、年龄结构、知识结构非常多样化。可能在一个农业企业里面既有博士，又有没上过学的工人，有刚参加工作的年轻人，也有临近退休的老员工。

　　基于以上三条，可以看到农业企业组织非常复杂。如何增强组织活力，很考验管理者的能力。我觉得以下几条比较关键。

　　实事求是。组织设计要接地气，符合公司的发展情况，不要生搬硬套大公司的组织架构和管理方法。不要想着把组织设计得多么规范和完美，只要符合对内人尽其才、对外高效为客户创造价值的组织设计，就是有效的组织设计。组织是"长"出来的，不是设计出来的，要踏踏实实地去解决具体问题。

用质朴战胜算计。农业企业的大部分客户来自农村，员工中也有不少来自农村，整体比较质朴。自作聪明、算计别人的人最终得不到好的结果，要用一种善良质朴的心态对待员工和客户，让质朴成为组织的基调。

组织架构简单高效。有些企业只有几十人，却设立了十几个部门，老板忙得团团转，疲于应付企业内部管理，公司却没有大的产出，这种组织的活力就比较弱。组织架构要能够支持多"打粮食"。农产品具有刚需性的特点，一旦目标客户确定，客户的复购率相对比较高，组织架构的稳定性也较强，所以不要乱折腾，应保持相对稳定、简单高效的组织架构。

我在管理乾元浩时，公司始终是六个部门，人事部、财务部、办公室作为支持部门，市场部、研发部、生产部作为业务部门。刚开始，研发和生产是放在一起的，过两年后，前者才单独成立研发部。最终形成了以市场和销售为"龙头"，生产、研发为两翼，人事、财务和办公室为支撑的"龙形"组织架构。管理公司的 5 年里，我没有增加过部门，公司一共 1 400 人，总部只有 50 多人，始终保持组织的简单高效。

某疫苗经销商的组织架构很简单，前端是销售部，负责冲锋陷阵，拿下订单，技术部和商务部负责协助销售部开发客户和发货等。在每个大区里，由 1 名大区经理、1 名商务经理、1 名技术经理组成小分队，三者相互协作又相互制约（见

图3-2）。大区经理负责整个大区的业务，一般一个大区有6名业务员；商务经理负责记录每笔销售订单，发货备案，跟踪业务员每日工作情况；技术经理陪同业务员拜访重要客户，解决客户使用产品时的技术难题。大区经理相当于司令，商务经理相当于政委，技术经理相当于参谋长。

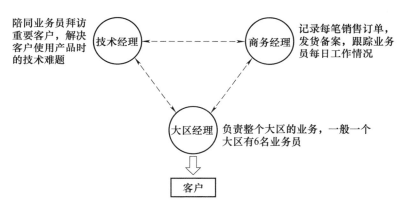

图 3-2　某疫苗经销商的组织架构

为了确保三者的高效协作，该疫苗经销商梳理了业务流程中的重要节点并进行了流程化管理。事实证明，该疫苗经销商采用的组织架构简洁高效，后线是支持服务部门，前线则保持灵活，能快速响应客户需求。

最后一点，农业企业的一把手要做一个"正常人"。做个"正常人"，是指让自己接地气，不要飘在空中。爱财，但不贪财和自私；喜名，但不贪名；有个人价值主张，但不狭隘。企业的一把手，在企业里边有绝对权威，时间久了，就会很难听进别人的意见。中小型农业企业本来规模就不大，企业家更需要和员工打成一片。做一个"正常人"，带出一个积极进取的团队，打造一个充满活力的组织。

第四章

农业企业如何进化

    农业企业的生存和发展有其内在逻辑，首先要在众多细分领域里发现商业机会，选择自身有优势的赛道，在产业链的关键环节"打桩"；对农业企业来说，首先要活下去，即企业要实现盈利。盈利来源于团队的共同努力，与人的因素高度关联的管理能力和技术能力成为对抗不确定性的最确定的能力。

    但是，在剧烈变动的时代，企业的管理能力和技术能力时刻受到内外环境变化的挑战，所以海尔集团张瑞敏先生说，没有成功的企业，只有时代的企业。企业要持续发展，唯有不断迭代，不断进化。

企业进化的基石

企业中有股东、董事、经营层和员工等利益主体，每个主体都希望在组织里实现自身利益最大化。如何做到呢？这就需要制定出一个游戏规则，实现合作共赢，共同创造增量价值，然后按照约定的规则分享共同创造的价值。如果合作带来的价值是负数，合作各方也要按比例承担损失。

企业治理结构是一套维护公司运行的游戏规则。

企业治理结构就如大楼的地基，地基不牢，地动山摇，所以企业治理结构越早建立越好。正如盖大楼前需要钻探，摸清地基的根底一样，企业治理结构设计时也需要对每个合伙人或股东进行"钻探"，摸清每个人的个性、价值观、道德理想、认知能力、合作精神等，做到开诚布公，彼此深入了解。有人说找合伙人比找结婚对象还难，这句话不无道理。

正如结婚前的海誓山盟不能确保婚后没有冲突，无论在合作前期沟通多么顺畅、彼此多么了解，在合作过程中股东之间对公司经营产生分歧和冲突也在所难免。

西方上百年的企业治理经验表明，最好的办法就是建立一套大家都遵守的规则，这套规则要明确各方利益诉求，如何进行合作、如何分享合作成果、冲突发生后如何化解、在不能合作的情况下如何散伙等。

当然不是说合作就只谈规则，不谈感情。事实上，合伙人常常是因为彼此认可，相互欣赏才愿意共同创业的。关键是要分清什么时候谈感情，什么时候谈规则。我的体会是，合作开始的时候要把规则谈清楚，不要认为是朋友或亲属就碍于情面不谈规则。恰恰相反，只有在合作之初谈好规则，合作之后才有机会谈感情，如果顺序颠倒，则后患无穷。

合作之初需要在利益相关者之间形成完全透明的合约，该合约是利益相关者共同参与讨论的结果，反映了每个参与者的利益诉求。合约也可以称为契约、合同。合约本质上是合作各方认可的利益安排。比如约定一个人把东西卖给另一个人，后者把钱给前者，双方就会形成一份合约，合约中会约定价格、交易的货物、交货时间等。

如果拿企业治理和国家治理打比方的话，国家治理有各种法律，企业治理则有各种合约。

企业治理是否有效，关键是看利益安排是否被各方接受，正如清华大学经济管理学院宁向东教授所说，好的公司治理，应该体现为一种有效的利益结构，追求股东之间、股东与经理人之间，甚至在组织的每一个角落里，都能够建立起的有效的利益平衡，从而实现利益主体之间的共赢和共荣。

内部治理

前面讲到，企业治理本质上是利益相关者都能接受的利益安排，是一套各方都接受的行为准则。于是很多企业家认为，只要把利益结构安排好，企业治理就万事大吉了。但许多案例告诉我们，即使一开始就建立了非常完善的治理结构，实际运行一段时间以后，还是可能出现各种问题。要么因为企业核心人员创新的积极性受挫，要么因为内外环境发生变化，原来的利益安排失效了，总之，企业治理会出现许多新问题。

这引起我对企业治理有效性的思考。通过大量案例总结，我发现有效的企业治理应该包含两个方面：一方面要形成围绕保护企业家精神的治理安排，具体包括针对企业家的考评机制、容错机制和止损机制，我把这部分叫作"企业治理的软件"；另一方面才是股东之间或股东与经理人之间等传统意义上的利益安排，我把这部分叫作"企业治理的硬件"。忽略软件的硬件是坚硬的空壳，忽略硬件的软件是无效的空想。

为什么这样划分企业治理呢？有以下三方面原因：一是企业家精神是企业的灵魂，是最需要被珍视和保护的，一家企业的失败，没发挥企业家精神是关键原因；二是常规的企业治理结构是冰冷的利益安排，不能突出对企业家精神的保护；三是没有把对企业家精神的保护提高到企业治理层级，不利于发挥企业家才能、释放企业家潜能、赋予企业治理活的灵魂，没有使企业治理的硬件真正发挥作用。

治理的软件：三道防线

前面谈到，企业家精神是推动企业发展的关键力量，企业家精神包括不满足现状、敢于面对不确定性、强大的同理心、自我反省等。企业治理往往由各种冰冷的条文组成，搞不好就成了企业发展创新的桎梏、企业家创新的锁链。

保护企业家精神就是保护企业创新精神，企业治理的灵魂是激发企业家精神。经济学家张维迎教授有一个观点，最好的公司治理是让企业家精神得到最好发挥。我很认同这个观点，企业治理需要围绕如何激发企业家精神展开，如果一家企业里边只有冰冷的制度、股权结构安排，企业治理就是"死的"，只有激发企业家精神这个魂，企业治理才是"活的"。

如何通过企业治理保护企业家精神是个重大而又被忽略的话题。我的体会是，关键在于建立考评机制、容错机制和止损机制这三道防线。

第一道防线：考评机制。前面谈到，处在经营前线的企业家，需要实时关注客户需求，洞悉行业变化，掌握竞争态势。这就要求企业家能够快速决策，相机行事，择优决策，以获得经营成功为最高目标，而不是凡事都等后线决策机构的决策。

既然前线"打仗"的企业家有相机决策的权力，如何保证他们的决策不会因为私利而损害公司利益呢？如何保障企业家的决策是最优的呢？我的体会是要在事前建立考评机制，明确企业家的责权利，将企业经营结果与企业家的利益挂钩。董事会或股东重在关注经营结果，减少对经营过程的干预。

我们看到许多企业从激情澎湃开始，以偃旗息鼓收场。归结起来原因很多，根本的一条是没有"把丑话说在前头"，也就是没有给经营前线的企业家或高管明确一套被各方认可的考评机制。有的企业即使建立了考评机制，考核时，要么当经营业绩远远高于预期目标时，企业觉得兑现成本太高，于是找各种理由推迟或干脆不兑现；要么没有实现预期目标，经营者找行业不景气等各种理由，推脱责任。根本原因还是缺乏契约精神，双方不守诚信。

所以要"先小人后君子"。在建立考评机制的时候，将彼此的诉求充分表达出来，明确双方的责任边界，界定需要达成的目标，对日后可能发生争议的地方逐一核对，把考评指标的制定过程变成沟通过程和落实任务的过程。

第二道防线：容错机制。相比考评机制，容错机制更难建立，因为对企业家的决策对错很难在短期内进行评判。比如为了长远发展，企业需要在研发上投入资源。但研发具有不确定性，处于经营前线的企业家可能需要承担研发失败的责任，出于自我保护或风险厌恶，企业家可能选择保守的做法，因担心失败而不投入研发资金。即使是做面对当下的经营决策，企业家也要面临众多不确定的因素。鼓励企业家敢于冒险，敢于在不确定性中选择对企业长远有利的决策，企业就需要建立容错机制。

由于决策涉及当下利益和长远利益的权衡，容错机制的关键是判断什么是错的，什么是对的，如果没有统一的标准，容错机制就是一句空话。所以建立容错机制需要事前明确责任边界和是非判断标准。但是非判断标准不能覆盖所有的决策事项，这就需要容错文化——在标准之外，企业家与企业之间形成彼此信任、相互理解的文化。容错文化一旦建立，企业家在宽松的环境里开展经营活动，才更愿意尝试创新。包容的企业文化氛围也可以提高企业家的幸福指数，有利于留住人才。

当年我管下属工厂时，公司总部向下属工厂下达年度指标，刚开始几年都要求产品合格率达到100%。工厂不能讨价还价，只能被动接受，工厂厂长的做法是加大中间产品的报废率，以此确保最终产品全部合格。事实上，产品质量出问题是概率事件，全部合格本身就脱离实际。这样制定指标的结果是，产品全部合格，但生产成本大幅升高。于是我们根据工厂的实际数据，允许有3%左右的产品不合格，只要不合格产品不流入市场，不合格产品就允许报废。这种容错机制建立起来后，工厂下降的生产成本完全覆盖了产品报废的费用。厂长管理更加顺畅，再不会为了追求产品合格率而人为改变生产数据。

当然，建立容错机制并不意味着是非不分。对红线之上的可以宽容，但是对触碰红线的必须处罚。对突破底线行为的宽容就是纵容。

第三道防线：止损机制。 企业的考评机制和容错机制是鼓励企业家"走正道"，是正向激励，是期望以明确的目标和对经营错误的宽容，促使企业家大胆决策，勇于创新。

但是，凡事都有两面，仅仅有激励机制是不够的，保护企业家精神要"赛马而不相马"，企业家只能依靠经营业绩证明自己。再完美的机制都有漏洞，企业家出于自身利益最大化的考虑，不遵守职业操守的行为无法避免，任何包容的文化在人性面前都可能败下阵来。

这就需要建立止损机制来约束人性，防范潜在经营风险。据说公司制是学习借鉴国外治理机制，这个机制建立的基本假设是人都是自私的。要把"自私"的个体约束在一个组织里，唯有建立大家都遵守的规则，这个规则是在广泛参与的基础上形成的。大家参与了规则的制定，遵守规则的意识就更强，也更容易接受在违背规则时要付出代价。

以上三道防线是层层递进的关系，考评机制是"企业治理软件"的起点，容错机制是过程中的安全绳，止损机制则是最后托底。在三道防线中，企业一般都有考评机制，但有些企业缺乏容错机制和止损机制，于是容易出现企业内部利益主体之间矛盾激化，甚至分崩离析的情况。

一家完整的企业，上面三种机制都需要，就如三根保险绳，触碰到哪根绳都有解决的办法。企业进化过程中需要不断完善考评机制、容错机制和止损机制。

治理的硬件：三会两层

企业运行受《公司法》等法律的约束，虽然每家企业的情况千差万别，但是法律规定是硬性的，企业可以在法律基础上做自我约定，但不能与法律相冲突。这些共同的规定具有强制性，我把它称为企业治理的硬件。

具体到企业内部治理就是我们常说的所谓"三会一层"，我觉得还要加上员工这一层，构成"三会两层"（见图 4-1）。

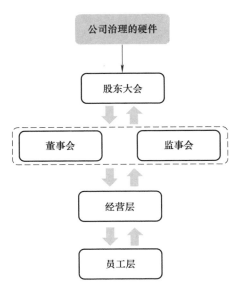

图 4-1　公司治理的硬件："三会两层"

股东大会。由出钱设立公司的人组成，比如有 10 个股东，那就 10 个人组建股东大会。股东追求 ROE 最大化，投资的目的是赚取收益。

按照《公司法》，公司包括有限责任公司和股份有限公司这两种类型。在有限责任公司中，股东以其出资额对公司承担责任。在股份有限公司中，股东以其持有的公司股份对公司承担责任。

股东里面最重要的是股权安排，股权安排最重要的标准是五条线（见表 4-1）。

表 4-1　股权安排中重要的五条线

股权线	权利	解释
67%	完全控制权	拥有股权比例超过 2/3，对企业里的经营决策有主导权
51%	相对控制权	拥有股权比例超过 1/2，对公司日常经营决策能够施加重大影响
34%	一票否决权	拥有股权比例超过 1/3，拥有一票否决权
30%	要约收购权	可以发起要约收购
10%	有权召开董事会	有权建议召开董事会

每一条线都有对应的股东权利。所以，在设计股权时一定要考虑清楚这几条线。

举个例子，三个好朋友共同设立公司，安排了 4∶3∶3 的股权结构。这个结构非常糟糕。为什么？三人意见统一时，都好说，但意见不统一时，很容易导致权力之争。当两个占股30%的股东联合起来反对占股40%的股东时，就可以否定大股东（40%）的决议，而大股东（40%）有一票否决权，三方会陷入僵局，这导致三方谁说了都不算。这种情况通过股权设计完全可以避免，可以在股权比例上让大股东具有完全控制权；或者在股权协议和公司章程中约定，遇到重大决策时，占股40%的股东有最终决策权。

股权协议和公司章程是两个基础性文件，很多人不重视，导致丧失了对公司的控制权或者无法退出。《公司法》第四十二条规定：股东会会议由股东按照出资比例行使表决权；但是，公司章程另有规定的除外。这条针对有限责任公司的规定，表明可以同股不同权，前提是在公司章程里有明确规定。

万科股权之争是一个经典案例。事件起因是从2015年7月开始，宝能系连续买入万科，到当年11月持有万科股份达24.26%，超过第一大股东华润。万科董事长王石发文表示"不欢迎宝能系成万科第一大股东"，一场争夺公司控制权的斗争就此上演。在经历了众多资本方（包括宝能系、华润、恒大、深铁集团）、万科管理层之间超过2年的博弈后，最终得以平息。

万科股权之争爆发后，2016年前三季度就有超过600家上市公司修改公司章程，当时A股上市公司3 000余家，不少公司增设了反恶意并购条款，如最常用的"金色降落伞""驱鲨剂"和"毒丸计划"。这个案例再一次说明了股权协议和公司章程是基础性文件，需要格外重视。

董事会。董事会历来都是由股东大会选出来的，要弄清楚股东大会和董事会的关系。比如上市公司有上万个股东，不能每个人都来参与决策，那怎么办呢？这时，就从股东大会里面选择一部分代表股东利益的人，组成董事会，参与公司重大经营决策。所以说，董事会是由股东利益的代表组成的。

董事会对公司重大经营有决策权。那么什么叫重大，什么叫不重大，这对每家公司来说都是相对的。董事会很重要的一个职责是给股东大会、经营层分权，划分清楚彼此的决策权限。可以拉出清单，哪些是股东大会决策的，哪些是经营层就可以决策的，要尽量穷尽，没有穷尽的，也要写清楚谁来定。

董事会实行票决制。那如何提高决策质量？一个很重要的方法是利用外脑。如果是上市公司，会设立独立董事。国外公司独立董事制度很成熟，通常会聘请和公司没有利益关系的社会贤达担任独立董事。

监事会。董事会的行为谁来监督，如何防止董事会徇私舞弊？这就需要组建一个监督层，由监督层构成监事会，来监察董事会的决策是否合适、经营层的经营活动是否有重大问题。监事会和董事会是平行的，前者主要监督董事会成员。

监事会代表股东大会监督董事会和经营层，有权对公司财务状况和经营活动进行监督。在德国，监事会的地位很高，由股东选举，监事会下面才是董事会。我国监事会制度起步较晚，还在不断完善。

经营层。负责公司整体经营的高管班子，经由董事会聘任总经理、副总经理等。经营层依据董事会的重大决策，负责公司的日常经营。这里的核心点有三条：第一是充分授权，第二是避免被内部人控制，第三是注重风险防范。我有一个体会是，要让经营层参与公司利润分配，把经营层的利益和公司的利润挂钩，充分调动经营层的积极性。

员工层。经营层再下一级是员工层，这里的员工，包括企业中层管理者。一般公司治理结构中会忽略员工这一层，其实员工也是公司治理的主体，通过确立进入和退出的责任边界，以劳动合同的方式，构建企业与员工受法律约束的劳动关系，让员工进得来、留得住、请得走。因此要格外关注《劳动法》等，预防潜在的劳动纠纷。

"三会两层"是企业治理的通用规则，具体到每一家企业，会有所不同。企业既要遵守《公司法》等法规的规定，更要结合自身的情况，实事求是地制定相应规则，并且要在实际运行中不断对其进行修订和完善，让治理的硬件既有操作性，还有很强的适应性。

外部治理

企业作为一个社会组织，处于特定的区域、特定的行业、特定的竞争环境，在经营中需要与众多利益相关者产生千丝万缕的联系。如何营造有利于企业发展的外部环境，是企业必须面对的课题，我把企业对外部环境的管理叫作"外部治理"。很多企业重视内部治理，但是忽视外部治理，为此付出了惨重的代价。

做好企业的外部治理，要处理好企业与外部相关方的关系，营造相对宽松的外部环境。

主管部门。包括行业、工商、税务等主管部门，主管部门通过制定规则，出台相关政策或措施，规范企业行为，引导行业发展，为企业正常经营创造公平的环境。

同行。行业里面为客户提供产品和服务的组织有很多，彼此之间既有竞争又有合作。因此企业会建立行业自律组织（行业协会、商会），制定共同遵守的行业规则，实现"自我约束、自我管理"。比如生物制药领域的 GMP 是行业共同遵守的药品生产质量规范，如果没通过 GMP，企业就不能生产药品。

客户。企业与客户的关系表现为商业合同。在拟定合同时有很多注意事项，其中比较关键的一条是，要先想清楚如果合作失败该如何处理，万一打官司该怎么办。

供应商。公司和上游供应商的关系也表现为合同。在公司与供应商之间，在付款方式中约定账期是很常见的商业现象，公司希望越晚付款越好，而供应商希望越早付款越好，账期取决于双方的博弈结果。

社会舆论。社会舆论也是外部治理重要的组成部分，但好多企业不重视。要知道，网上出现一个和企业相关的负面新闻，企业就面临灭顶之灾，如三聚氰胺事件极大地冲击了国产奶粉行业。互联网时代，舆论传播更快，舆情管理成了企业重要的管理内容。

外部治理的基本原则是公开透明，充分表达各自的利益诉求，最终达成共识。共识包括责任和权利边界，即干好了怎么分配利润，干不好各方如何承担损失等。

举个例子，三个人合伙成立一家有限责任公司 A，一个人的股权是 52%，另外两个人的股权分别是 24%。3 年后，公司发展到 50 人的规模，要做股权激励，这时候利益结构怎么安排呢？一种方法是把股本扩大（比如将注册资本 1 000 万元变成 2 000 万元）；另一种方法是成立一个持股平台，A 公司的实控人作为持股平台的 GP（普通合伙人），激励对象作为 LP（有限合伙人），避免了 A 公司的股权频繁变动。

内部治理和外部治理是企业治理的两个方面，结合在一起构成了完整的企业治理体系（见图 4-2），目的是为企业进化打下良好的基础。企业治理的关键是建立各个利益主体的合约，以合约的确定性，对抗内外环境变化的不确定性。

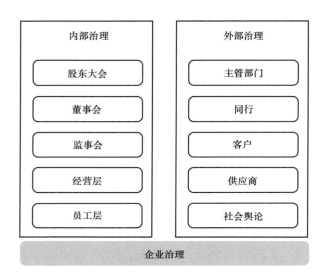

图 4-2　企业治理体系

让"好人"干好事

这里的"好人"不是指道德高尚的人，而是能力强、价值观正向、为企业创造价值、遵守企业规定的人。"好人"是企业的财富，是企业期望长期拥有的人才。

评价一家企业的治理是否有效，有众多标准，笼统一点说，就是要让"好人"能干成好事，也就是要建立让为企业做贡献的人认可的治理机制，"不让好人吃亏"。

企业治理的软件是一套保护"好人"的机制，考评机制识别"好人"，容错机制允许"好人"犯错，而止损机制清除"坏人"。

　　让"好人"干好事的第一步是识别哪些是"好人"。

　　人是立体的、复杂的。即使人力资源管理专家开发了大量识别人的模型和软件，可以作为参考依据，但企业不能照搬照抄，随意对人贴标签。以事看人是有效的办法，即不在乎他怎么说，而在乎他怎么做。语言的欺骗性让语言成为很多人包装的外衣，行为的实在性让行为成为人们露出真性情的途径。通过一个人对规则的遵守情况，察探他的底线；通过让一个人承担经营任务，评判他的管理能力；通过一个人对人对事的态度，了解他的价值观。

　　建立了"好人"的标准之后，接下来需要对"好人"进行激励，激励的方式不外乎物质激励和精神激励。

　　物质激励。经营活动是在做蛋糕，激励就是在蛋糕做出来后分蛋糕。蛋糕怎么切是技术活，企业里面有股东、高管、员工等利益主体，谁都想咬一口蛋糕。阿里巴巴提倡的"客户第一，员工第二，股东第三"反映了它做利益分配的顺序。大部分西方公司也逐渐从股东利益至上调整为客户至上，这也是利益分配方式的变化。

　　物质激励按照期限划分，有短期激励、长期激励两种。

　　短期激励通常表现为发奖金。奖金如何发才合理，这里面大有讲究。对销售人员可以按照销售额评估贡献，但是对财务、人力、行政等部门的贡献该如何评估？有的公司会拿出一定比例的利润作为奖金包，把每个人的绩效与奖金包挂钩，每个月计算绩效，到年底算一下总的绩点，用绩点乘以奖金包便是年终奖。

长期激励有两种主流方式：限制性股票和期权。

限制性股票是上市公司按照预先确定的条件，授予激励对象一部分本公司的股权，当员工在未来某个时间满足预先确定的条件时，才可以出售股票。

期权是一种选择权，买方可以在未来的某个约定时间选择是否行使权利。比如，2022 年 9 月，公司给了员工 1 万股期权，行权日期是 3 年后，行权价格是 5 元，即 3 年后员工可以用 5 元 / 股的价格买公司的股票。如果 3 年后公司股价是 50 元，那这中间 45 元的差价就是员工通过期权赚到的钱。如果 3 年后，股票价格不到 5 元，员工可以选择放弃行权。

限制性股票和期权的获取都设有限制性条件，把公司的业绩和激励对象的贡献绑定在一起。

精神激励。精神激励的方式更加丰富，但万变不离其宗，就是要给激励对象成就感、荣誉感、自豪感。

这"三感"都不是物质激励可以代替的，在马斯洛需求层次的金字塔里处在上层。无论是高管还是员工，无论其物质条件如何，每个人都需要得到肯定和他人的尊重。一家治理良好的企业，需要建立正向的企业治理文化，让宽容、理解、尊重、正义等基本价值观得到发扬。精神激励的土壤是企业的文化，企业家主张什么、反对什么，会成为企业治理文化的一部分。

让"坏人"不干坏事

与前面谈到的"好人"对应的是"坏人",所谓"坏人"是那些把自己利益凌驾于企业之上,或损害企业利益来谋取自身利益的人。

前面提到过,任何一个组织都是由人构成的,是人就有人性,人性的共同点是趋利避害,这是人之本性,无可厚非,而且要顺应这个人性。但正因如此,人群中会出现为了自己利益损害他人或企业利益的人,如果企业治理失效,让这样的人获得利益,在组织中形成坏典型,一旦这些组织里的"癌细胞"扩散,组织轻则涣散,重则溃败。

明确利益边界。中国有句俗话叫"先小人后君子",先做"小人"把利益谈清楚,再做"君子"谈感情。同学、朋友间往往不好意思讲利益,明明心里期望获得收益的60%,但嘴上却说40%就可以了,我建议先做"小人"把各自利益谈清楚。合约签完后,可以当君子了,既然我们是同学,顾及同学情面,就严格按照签订的合约来执行。如果你觉得亏了,那对不起,合约已经签完了,再亏也得按这个执行。此时要谈感情,让合约顺利执行。如果出现退股,这时候既要谈感情也要谈利益,该协商的就协商。对签订合约时一些没考虑到的细节,后期可以通过协商解决。

承担行为责任。在很多国家,学校要求学生在食堂倒剩饭剩菜时分得特别细，剩菜要倒一个桶、吃剩的面包倒一个桶、汤要倒一个桶、其他的要倒一个桶，但有的孩子为了省事，直接把所有东西倒在一个桶里。于是，学校定了一个规矩，如果发现这种情况，要让乱倒的学生伸手进垃圾桶里把剩饭剩菜捡出来。这还没完，他还要站在垃圾桶旁边监督，直到发现下一个乱倒剩饭剩菜的同学，才能离开。他为自己的行为承担了责任，对其他人也起到了警戒作用。让"坏人"做了坏事后，承担后果，才能起到威慑作用。

在合约执行的过程中，可能会出现各种问题，无法确保每个人都遵守合约，此时要思考出现了违反合约的情况该怎么处理。举个例子，董事会新聘任了总经理，但发现总经理在外面新开了一家公司，与本公司存在利益输送。董事会和总经理签订合约时，并没有写明这一条，导致新任总经理钻了空子。虽然这个行为违背了职业操守，但谁都没有想到会出现这种情况，遇到这种情况怎么处理呢？

首先评估总经理在外成立的公司与本公司发生了多少利益关联，有没有给本公司造成损失。然后借助第三方机构，利用法律手段，让他付出代价。

保持动态调整。企业要每一年对治理体系进行审计，发现潜在风险，堵住漏洞。国外做法比较成熟，通过制度审计、公司治理审计，不断规范公司运营。对我国上市公司，有会计师事务所、律师事务所等进行外部监督，公司治理体系也在不断规范。

农业企业的治理

除了通用的企业治理规范之外，农业企业还有三个比较普遍的情况。

一是大量中小型企业忽视企业治理。这些企业在早期为了生存，一般都从销售做起，在这个阶段谈治理显得非常"奢侈"。

二是大多数农业企业早期立足某个地域时，是与家族成员共同创业的，亲属在企业骨干中的比例较高，企业依靠亲情而非规范的企业治理体系管理。

三是倒逼企业治理的外部压力偏小。中小型农业企业吸收外部投资的机会较少，导致社会资源注入企业不足，因此逼迫企业规范治理的外部压力较小。

随着农业企业的发展，一批新型农业企业崛起，企业发展的内在要求和外部压力推动农业企业治理不断完善。农业企业要上发展的快车道，企业治理是基石。在农业企业治理中，有以下几点要格外注意：

守住法律底线。随着中国法律不断完善，违法的成本越来越高。企业应一切按法律法规办事，该审批的一定先审批，并留下凭证。大型企业通过设置法务部门，防范潜在的法律风险，中小型企业则可以借助第三方服务机构防范风险。

股权清晰。农业企业里有很多拥有资本和拥有技术的人合资成立公司的情况，很多企业家脑袋一拍，就确立了各自的股份占比。结果发现技术落不了地，不能产生经济价值，出资本的人认为股份给多了；或者出现没有预料到技术这么值钱，出技术的人心理不平衡，想要更多股份的情况。结果双方都不愉快。为防止上述情况发生，双方可以通过第三方机构评估技术部分的价值，并且事前约定成果转化价值。若未来技术转化没有达到预期，出技术的人就降低股比，如果技术转化超出预期，出技术的人就可以分配更多利润。

治理体系简单实用。建立人财物、供产销等基本制度，不要认为企业小，就不需要规章制度了。因治理体系不健全，出现扯皮推诿的企业不在少数。

健康的治理文化。治理文化是企业文化的一部分，企业家作为企业文化的标杆，需要以身作则，树立典范。健康的治理文化中契约精神必不可少，契约精神表现为诚信经营、一诺千金，不生产假冒伪劣产品，及时结清供应商货款，兑现对股东、对员工的承诺。

企业进化的加速器

第一章我们已经涉及农业数智化的内容，但没有深入讨论。鉴于数智化在农业企业中的广阔应用前景，对提升农业企业管理效率、改变农业企业商业模式等方面的作用，下面专门就数智化加快农业企业进化的内容进行探讨，以便农业企业家在企业数智化进程中少走弯路。数智化已经不是企业的"选答题"，而是企业的"必答题"，将成为企业发展的加速器。这里讲的数智化是农业数字化加智能化的简称。

农业企业为何需要数智化

前面我们谈到中国农业企业的整体状况，总结起来就是数量多、差距大、地域分布广、细分行业多、组织形态千差万别。农业产业链前端连接农业投入品企业，中间是农林牧渔等各种业态的生产组织（如龙头企业、家庭农场、合作社、小散户等），后端是加工和流通企业，末端还与千家万户的消费者相连。

我国是一个互联网化程度很高的国家，按照购物和出行等行业发展的经验，个体越分散的行业，数智化改造后带来的效果越明显。农业恰好是一个上中下游共同参与的复杂系统，农业里面的组织极其分散和多样，但农业数智化水平却远低于工业和服务业，我分析主要有以下几方面原因。

一是每个细分领域的同类企业差距太大。在100多个农业细分领域里，每个细分领域企业数量都很多，企业实力千差万别。比如饲料行业，经过多年并购重组和淘汰落后产能，年营收在1亿元以内的企业数量依然庞大，这些企业对外没有数智化的意愿，对内没有数智化的实力。而头部企业大多把数智化理解为信息化，以为信息化就是财务软件、生产软件、销售软件等各种系统。前几年时兴的ERP系统，因为没有显著提高企业运行效率，不少企业也放弃了，导致今天许多企业信息化的意愿不高。

二是信息公共服务能力不强。其实企业都对行业信息有需求，但是由于信息脱敏或信息难以收集等原因，政府部门或行业相关组织发布的信息与企业需要的信息存在差距，导致信息利用价值偏低。

三是企业对数智化认知还有偏差。大量中小型企业还在生存线上挣扎，这些企业把数智化看成是大企业才能投入的"奢侈品"，而不是自身企业发展的"必需品"。虽然中小型企业有对外获取行业信息的需求，但因为企业内部数智化不能产生立竿见影的效果，一般不愿意在这方面投入。

以上三方面原因导致农业企业数智化的程度不高，但是一场数智化的浪潮已经撞开了农业产业的大门，农业企业不管规模、业务形态和地域差别有多大，在这个浪潮面前，要么拥抱数智化，要么被动接受数智化，否则就被淘汰。这正如汽车出现之后代替马拉车一样，变革不以车夫的意志为转移。

之所以做出这么肯定的判断，基于以下四点。

一是国家支持。数智化的前提是信息化，国家在数字乡村建设上出台了一批支持政策，这必将降低信息公共设施的使用成本，中国的信息高速公路可以说已经修到千家万户。在广大农村地区，移动互联网的比例非常高，这为数智化提供了基础设施支撑。前几年在美国西雅图最大的滑雪场，网速还是 2G 的水平，原因是私有的运营商不愿在只有季节性运营的滑雪场投资建更好的基站。相比之下，我国西藏、新疆等偏远地区都有4G，这些基础设施的建设为我国数智化进程打下坚实基础。

二是消费者教育已经完成。拼多多在阿里巴巴和京东的夹缝中发展起来，充分证明了三四线及以下城市人民的网络使用力。每次到农村，我都能看见无数农民都在刷抖音和快手，所以我相信直播带货，包括农产品直播带货一定有广阔的市场。

三是行业信息质量正在提高。在行业协会和专业服务机构的努力下，行业信息质量越来越高。不管企业规模大小，如果它拒绝接入行业信息，就会变成信息孤岛，对上不了解供应商信息，对下不了解客户信息，企业经营会变成盲人摸象。

四是企业内部需要通过数智化来提高效率。当企业发展到一定规模，企业的财务、生产、销售、人力等信息不仅需要及时透明地呈现出来，而且需要挖掘信息背后的经营状况，并把成果运用在企业经营管理之中，提高企业运行效率。此外，农业生产的恶劣条件决定了对智能装置代替人工的需求，以此降低人工成本和规避恶劣作业场景。

基于以上原因，农业企业数智化是大势所趋，是农业企业的必然选择。当然在具体实施时，企业需要根据实际情况，选择适合自己的路径，力争投入产出最大化。

企业数智化实现路径

农业企业在发展过程中会产生大量经营数据，当数据达到一定规模后，需要借助数智化提升效率，甚至构建新的商业模式。当数智化投入带来的累计收益超过投入成本时，企业才可能考虑对企业进行数智化改造，因此数智化是企业发展到一定阶段的需求，即使数智化也不可能一蹴而就，需要循序渐进，逐步完善。

信息化是基础

信息化是指把企业经营活动中产生的数据，借助工具准确地提取出来。典型如记录企业经营活动的财务数据，借助财务软件进行记录和整理，并及时提供给决策者，便于决策者了解企业运营状况，有针对性地采取措施。采购、生产、物流、销售等重要经营活动每天都会产生大量信息，借助信息化系统，也极大地方便了企业了解自身运营状态，提高决策的及时性。

随着企业发展壮大，企业不再满足于单个模块的信息，而是期望把各个独立模块的信息整合起来，全面反映企业整体运营情况，于是产生了 ERP 等管理系统。反映企业全貌的信息系统是以组织架构、制度流程的稳定为前提的，但是中国企业正处在巨变的时代，企业为了适应竞争环境，对组织架构、制度流程不断调整，让 ERP 等系统应接不暇。这导致许多企业认为系统带给管理的"麻烦"多过便利，即使付出高昂的代价也弃而不用。

直到今日，许多农业企业仍然谈信息化而色变。出现这种局面，一方面是企业家对信息化的理解出现了偏差。而信息化是一把手工程，需要持续投入资源，但许多企业一把手对信息化没有耐心，一旦短期内看不到成果，就不再继续投入。另一方面信息化软件企业缺乏对行业或企业特殊性的认识。有些信息化软件企业为了节约开发成本，试图把"一双鞋"穿在所有企业的"脚"上，导致软件的适用性不强。

改变这种局面，需要农业企业和信息化软件企业共同努力，双方都迈出一步，增强彼此理解，让企业信息化的过程变成企业规范化和升级的过程，实现双赢。

信息化基础之上的数字化

数字化不是信息化的简单升级，而是全新的观念和模式，是企业管理的一场革命。信息化企业与数字化企业最大的不同是，前者是人驱动企业运行，后者是数据驱动企业运行。由于企业发展的驱动力发生了根本性变革，企业的组织架构和运营模式都需要改变。数字化企业在数据生成、数据处理、数据挖掘、数据运用上都与信息化企业截然不同。

数据已经成为如同原材料一样的生产要素，数据成果不仅用于改进企业经营，而且可以向第三方出售，也就是企业的数据成果既能自用也能他用，这为企业带来双份收益。这或许是数字化企业的奥妙，也是企业数字化的优势。

数字化基础之上的智能化

企业数字化是在数据上"做文章"，反映企业的软性能力。企业智能化是在企业硬件上"做文章"，反映企业的硬性能力。如同数字化不是信息化的简单升级，智能化也不是自动化的简单升级。智能化是用机器模拟人，机器不仅可以处理数据，而且可以像人一样做出决策和采取行动。

目前正在推动的无人驾驶就是典型的数智化产物。无人驾驶汽车首先要感知周围环境变化，然后把数据传给中央处理器，处理器在模拟人脑计算之后，发送指令到机械装置，相应的装置做出转弯、刹车等动作，整个过程从"感知—信息加工—决策—行动"都在模拟人类驾驶汽车。

农业丰富的作业场景为企业数智化提供了广阔的空间。比如种植、养殖、加工、流通等环节的生产环境条件较差、用工成本较高，一旦这些环节数智化的收益大于投入成本，大量企业便会引进数智化。比如发达国家的小型农机具，很适合中国农业作业场景，未来无人化的农机具一定有广阔的市场空间。

通过以上分析可以看到，农业企业数智化是一个循序渐进的过程，我们既要拥抱数智化，也要认清企业现状，根据企业所处阶段，选择合适的路径，避免步入数智化误区。

企业数智化应用场景举例

数智化需要实事求是，选择适合企业操作的路径。对此建议按照应用场景，找到最佳路径。

农业企业数智化应用场景非常丰富，下面选取了一些已经取得阶段性成果的案例做简要介绍。相信企业数智化的进程会越来越快，未来将有更加优秀的案例不断涌现，农业企业也会在相互学习借鉴中，走出一条属于自己的数智化道路。

农业宏观调控的数智化

国家出台了一系列加快农业数智化进程的政策，支持建设农业数智化基础设施，更准确、快速、低成本地获取行业数据，提升宏观调控能力。企业有义务提供真实数据，这不仅有利于国家宏观调控，也直接有利于企业发展。

生猪养殖数据的准确性直接关系到全国生猪养殖宏观调控。真实、准确的养殖数据有利于调控波动的幅度，平抑波动周期，对行业宏观调控意义重大。为此，农业农村部不断完善"定点监测能繁母猪存栏""规模以上生猪定点屠宰企业屠宰量""全国仔猪价格""全国批发市场白条猪价格"等监测数据。我国生猪养殖场（户）数量超过 2 000 万，从这么庞大的群体中高效、准确地获取数据并对数据进行分析，指导生猪宏观调控，需要借助数智化。

供应链的数智化

大部分农业企业都是进行实物的研发、生产和销售，如何利用数智化提高采购、生产、仓储、物流效率等，是许多企业的刚需。

饲料企业经过多年发展，其供应链管理能力已经成为企业核心竞争力之一，每家饲料企业都关注如何提升供应链效率。

某大型饲料企业在全国有几百家工厂，每天需要进口或者在国内采购各种原料，运送到全国各地的饲料厂加工成猪饲料、禽饲料等，最后通过经销商或者直接销售给分散在全国的养殖户，供应链管理难度可想而知，特别是工厂越多，供应链管理复杂程度越高。这家企业在供应链管理上面临从计划到采购、生产、销售各环节难以协调；因计划协同原因，造成港口仓储费、滞港滞站及应急运输费用高；产销匹配率低，缺乏科学的工具进行产销数据分析，导致库存积压和断货并存；生产随意性大，各工厂生产水平参差不齐，加上需求波动，用工成本高，产能利用率低，综合生产成本高等问题。

在此背景下，这家企业引入工业制造领域成熟的供应链管理系统，推动供应链管理数智化。公司借助数智化进一步规划供应链业务流程框架结构，梳理供应链节点，拉通销售、计划、生产、采购、仓储、物流等业务过程，固化供应链流程。通过需求计划驱动来降低库存。在生产环节引进智能化和自动化生产设备，通过数智化赋能精益制造。

供应链管理数智化后，该企业实现"销售预测—需求计划—产销平衡—计划排产—物料计划—生产制造—发运计划—数据运营"全过程精细化管理。据测算，其成本降低 9 000 多万元，销量提升近 30%，超期库存下降超过 90%，月度时产效率提升超过 1%，销售预测准确率提高至 80% 以上。

企业内部管理的数智化

物流、人流和资金流这"三流"汇合成为数据流，企业是数据生产者、使用者和出让者。如何让企业内部管理由人的主观驱动变成数据驱动是非常复杂的过程，农业企业自己摸索的难度比较大，可以考虑从已经取得成功经验的工业领域引进数据服务。

美的集团是数智化转型的代表企业，在数智化转型上投入超 100 亿元。2016 年，美的集团成立美云智数，将其数智化实践成果和经验产品化，对外服务更多企业完成数智化转型。目前美云智数服务了汽车汽配、电子半导体、农牧食品、家居建材等领域，并取得显著效果。

农业行业内某集团与美云智数合作，推动企业内部管理数智化。实施过程中，围绕企业价值链，以研发、营销、供应链、财务、人力资源五大系统为依托，构建全集团统一的端到端流程、数据与系统，并通过 IT 系统固化和迭代，实现集团内部管理流程化、数智化，极大地提升了整个集团的运营效率。

恶劣作业场景的数智化

农业生产条件相对较差，比如种植环节、养殖环节、屠宰加工等环节所需劳动强度大，对劳动技能要求低。随着人口老龄化日益凸显，这些环节智能化的作用进一步显现。

打农药的作业场景比较恶劣，每年都有打农药致人死亡的情况发生。另外，打农药还得"抢"着天气，有时需要昼夜不停地连续作业，同时人工打农药效率非常低。极飞科技研发的植保无人机可以用于喷洒农药，改变了传统的人工打农药方式。

以江苏盐城大中农场 7.6 万亩土地为例，2019 年引入植保无人机后，即使在农药价格上涨和由于天气影响增加用药的情况下，做到了全年减少农药制剂用量近 20%，节约农药费用100 余万元。相比拖拉机喷洒农药，节约柴油 130 余万吨，折合人民币 86.4 万元；同时减少拖拉机作业时对田间隔埂的碾压，增加收益 124 万元。使用无人机后，全年节省人工拔草用工近

20元/亩。植保无人机喷洒农药既提升了生产效率，又降低了成本，还增加了产量，最终提高了经济效益。

提高中小型农业企业数智化水平

我国的国情决定了中小型农业企业必将长期存在，大量中小型农业企业是解决就业、发展农业产业的载体。但这些企业资源有限，许多物联网设备造价高，加上数字化前期投入大，让中小型企业难以承担。中小型农业企业要想享受数智化红利，最好的方法是加入数智化平台，在一个平台上获取信息、进行交易、获取金融服务、得到农业技术支持等。

中国是养猪大国和猪肉消费大国，生猪养殖从业者超过2 000万户，其中90%以上都是中小型养殖户。大型养殖企业可以投入人力、资金推动养殖智能化，但是大量的中小型养殖户希望借助数智化发展却无力承担。

农信互联打造了服务养殖户的"养猪大脑"。农信互联从为养猪户提供贷款切入，扩展到育种、猪场管理、生猪交易、生猪养殖技术服务等。农信互联围绕从养猪到卖猪的所有环节，打造了猪小智、猪服务、猪金融、猪交易等子系统。在养殖环节，借助物联网、云服务、大数据等，对猪场进行生物安全管理、生猪健康管理、母猪繁殖管理、设备维护管理、经营预警监测等。比如养殖户可以通过PSY监控仪表盘，查看母猪年产胎数、窝产仔猪数、配种分娩率等数据，辅助养殖决策。在没使用系统前，由于养殖人员疏忽等原因，经常出现母猪压死仔猪的现象，使用物联网设备后，只要母猪压到仔猪，系统就会自动报警，养殖人员可以及时查看，降低了仔猪压死率。

养殖户还可以在平台上购买饲料、疫苗、兽药，通过平台对接生猪销售。在沉淀养殖户数据后，农信互联与银行合作，为养殖户提供贷款，解决生猪养殖中的资金难题。农信互联打造的平台上还聚集了大量兽医师，可以为猪场提供科学有效的诊疗服务，养殖户可以更便捷地获得养殖技术指导。

农信互联将大量中小型养殖户连接起来，解决了养殖户养殖难、贷款难、卖猪难等难题。

保障农产品流通顺畅高效

人工智能、大数据、云计算等手段，可以有效提升产销匹配程度和供应链效率。

拼多多是全国最大的农产品上行平台之一，2021年农产品订单的 GMV 超过 2 700 亿元。拼多多持续投入大量资金、人力和技术打通农业科研、农产品流通等环节，改造传统农产品流通模式。

拼多多的"农地云拼"模式，利用大数据、云计算和分布式人工智能等技术，让大量分散的农产品生产者与分散的农产品需求者直接在云端"拼"在一起。通过拼购模式，把原本分散的消费需求变得相对集中，减少了中间流通环节，生产者把产品卖了出去，消费者买得实惠了。

在传承中进化

根据波士顿咨询公司（BCG）2021 年的调查，福布斯中国百强家族上市企业的创始人平均出生在 1959 年，超过 25% 的创始人年龄在 70 岁以上，仍在企业担任董事长或者 CEO 等重要职位的创始人平均年龄超过 60 岁。传承早已成为第一代创始人不得不考虑的问题。

中国连锁烘焙头部品牌"好利来"的创始人罗红把企业交给两个儿子罗昊和罗成时，公司营业收入 20 多亿元。兄弟俩接班后，对好利来的门店形象、产品进行升级，推出更适合年轻一代甜品爱好者口味的半熟芝士蛋糕，光这款产品（半熟芝士蛋糕）一年的营业收入就超过 20 亿元。目前好利来的年营业收入已达 70 多亿元。但是，企业传承也有很多反面例子，父子之间反目成仇，企业走向衰落的不在少数。

企业传承，深刻影响企业的未来发展，下面重点谈谈家族企业的传承。

为什么传承

企业为什么要传承，这个问题其实挺难回答的。

《管子》里第一次提到家族的概念，"公修公族，家修家族，使相连以事，相及以禄"，意思是说不管是公族还是家族，每个人都要抱团做事，荣辱与共。

追溯中国历史，中国社会结构从最早的一个个部落，演变成有血缘关系的人聚集在一起形成家族。家庭作为社会的一个个细胞，以血缘关系为纽带向外扩展到更多社会关系。可以说，家族是介于家庭和社会之间的中间体。很多企业是以家族形式创立的，如温氏集团从七户八股集资 8 000 元创业，到今天发展为由 10 多个家族共同治理。

我反复思考一家企业为什么要传承。在查阅国内外几十个成功和失败的家族传承企业案例后，我意识到，企业传承的本质是创始人希望自己的生命得以延续。

每个人内心都有对长寿的渴望，如庄子所言："死生，命也，其有夜旦之常，天也。人之有所不得与，皆物之情也。"即使企业创始人认识到了自己只是人生的过客，但在情感上不愿意接受这个事实，反映在企业上就是希望企业基业长青。企业像创始人的一个"孩子"，企业传承，其实是延续创始人的生命。创始人不希望自己离开后，自己辛辛苦苦创立的企业也随之结束。

既然企业传承是创始人生命延续的外在表现，那么无论传承的形式如何变化，本质上还是创始人生命的延续和企业的迭代。前者是个人生命的维度，后者是个人生命的物化表现，两者都统一在"生命力"这个交集里。生命力本身就有生老病死的自然规律，从这个意义上来说，企业基业长青在理论上是不可能的，就如人能够延年益寿，但不可能长生不老。只有企业在传承中通过恰当的制度安排，把物质或精神财富都传递下去，并在下一代手中发扬光大，才能最大限度地延续企业的生命力。

传承什么

从财富的角度来说，企业就是一个多种财富的集合体，家族企业也不例外。具体表现为流通的货币财富和土地厂房等固定资产财富，还有企业沉淀的商誉、管理制度、企业文化等无形资产财富，以及人才团队等智力资源财富，甚至包括以企业经营过程中失败决策为代价形成的经验和教训。无论是有形的财富还是无形的财富，都是企业付出成本而沉淀下来的产物，也是企业延续经营的资本。传承就是把这些有形和无形的财富传递下去，并在传承之后持续增值。

传承的内容具体表现在以下四个方面：

传承事业。所谓事业，是企业通过获取外部资源和依靠自身能力，向社会输出产品或服务的一套体系，包括企业的产品、市场影响力或者品牌等。事业是创造财富的载体，没有事业就不能创造财富。例如鲁冠球创立的万向集团，公司生产的万向节在国内主流市场占有率超过70%，在全球市场占有率超过12%，鲁冠球把企业传承给了女婿，也把万向节研发、生产和营销的这套体系传承了下去。

传承有形财富。企业的有形财富包括货币、股票等金融资产，产品存货等期限在一年（含）以内的流动资产，以及房屋、设备等期限在一年以上的固定资产。

传承无形财富。无形财富比较宽泛，包括商誉、发明专利、制度流程、文化传统、企业家精神，以及决策经验教训等。

传承团队。团队是企业智力资源的载体，企业难以直接精确估量智力资源的价值，这部分价值通过产出的结果反向估算。因为这部分价值发现的滞后性和隐蔽性，常常被许多企业所忽视，直到失去某些核心骨干甚至整个团队而产生损失时才反映出来。随着现代科技的发展，人力资源的价值在企业则富创造过程中的关键作用日益凸显，在企业领导层的更迭过程中，团队传承成为企业传承的重要组成部分。俗话说，一朝天子一朝臣，企业领导层的更迭常常伴随着团队人员变动，进而影响事业的传承。因此传承团队是传承事业的基础，是传承有形和无形财富的关键，也是企业传承的难点。

怎样传承

企业传承得好，企业会迎来新的发展，传承得不好，企业就可能毁于一旦。

无数企业传承的案例都说明，企业传承是事关企业永续发展的关键点，成功的传承使企业推陈出新，失败的传承可能让企业毁于一旦。从企业传承的案例中，可以发现家族企业传承的三个共同点。

　　创始人的认知是传承的起点。 我认为传承是否成功，很大程度上取决于创始人对事业、对自身的认知。创始人的心胸、格局、认知都会沉淀为企业的财富，这些会在无形中影响传承。创始人和接班人的观念、认知等可能有差距，甚至差距很大。如果传承后，创始人和接班人常常产生冲突，或者创始人希望延续之前熟悉的做法，还希望掌控企业，是不利于企业长远发展的。

　　美的集团创始人何享健把董事长职务交给职业经理人方洪波时，让方洪波否定以前的做法，否则企业不能进步。即使在方洪波接棒之后大刀阔斧地改革导致业绩下降超100亿元时，何享健还是选择相信方洪波，没有出手干预。没有何享健让方洪波否定自己，给方洪波广阔的舞台，美的集团就不可能绝地反击，把其他两家电器头部企业远远甩在后面。

　　家族亲情是传承的纽带。 家族成员之间的亲情关系，决定了家族企业的传承不仅要讲"理"，而且要讲"情"，如果传承时没有情感联结，只讲冰冷的利益，传承一定是失败的。尤其是在中国的文化环境下，百事孝为先的理念深入人心，家族接班人对创始人情感上的不尊重都会被视为一种不敬，民间的说法是不孝敬父母的人不可能有真正的朋友。所以，在家族企业传承中需要营造良好的家庭传承氛围，以亲情为纽带，在传承中传递感恩的文化，彰显家族亲情，强化家族核心价值。

　　利益安排是传承的基石。 不管亲情多么重要，传承的基础还是合理的利益安排。整个家族在传承前和传承后的利益安排要做好衔接，比如通过信托基金管理家族财产，提前安排好各自所占比例。在谈利益结构安排时，要保持沟通和理性，以沟通化解误会，以理性明确参与各方的利益诉求。国外一般聘请律师作为利益安排的中介，律师在广泛了解各方诉求的基础上，拿出折中方案，在各方利益诉求中寻求最大公约数。避免因为亲情，事前磨不开面子而隐藏自己的利益诉求，事后又觉得不公平而发泄不满，导致亲属之间产生纠纷，这样既伤害感情，也损害企业。

农业企业传承的共性问题

具体到农业企业，根据《2021年全国农业产业化龙头企业发展报告》，50岁以上的农业产业化龙头企业负责人占41.9%，超四成的企业面临接班人培养问题。

第一代发展起来的农业企业老板，大部分都会把孩子送到国外学习，下一代的价值观与上一代明显不同。一些"二代"回来后，即便愿意接班，也可能不了解中国的国情；一些"二代"觉得农业又苦又累，反而更愿意去从事电影、游戏、投资等行业。接班人不了解国情，不喜欢农业，没有经过历练，生硬地接班，这些传承问题非常普遍。农业企业的传承需要得到高度关注。

正如前面所说，农业企业的传承没有统一的模式可以复制，在具体问题具体分析的同时，需要解决好以下几个共性问题。

传承对象。这个问题比较突出。一般情况下，家族企业传承对象有三种：一种是传承给有血缘关系或者亲属关系的人，有亲情作为纽带，家族内部好化解企业管理中的矛盾。第二种是传承给从企业内部成长起来的人。第三种是传承给外聘职业经理人。据调查，前两种是主流，第三种比例较低。如前所述，农业企业传承比较突出的问题是，接班人大多资历较浅，大多接受国外教育而不了解中国国情，对上一代的做法也未必认同，同时对行业缺乏敬畏。农业行业最需要长期坚持，深耕细作，密切联系客户，这些对接班人都是巨大的挑战。

我的体会是，在选择传承对象时，要跳出唯亲属接班的机制，改为竞争机制。采取让多位候选人在一个岗位或多岗位轮值的方式，根据经营业绩评价候选人。华为的董事长轮值就是一个很好的竞争机制，不仅考察了轮值董事长的经营管理能力，而且减少了只有一个候选人的风险，促使候选人换位思考，有利于班子建设。

对农业企业的接班人要根据企业的具体情况判断，交接后企业能够稳定发展，这是最基本的要求。对不愿意接班的"二代"不要勉强，可以通过信托，让他享有一部分财产收益，同时去做自己喜欢的事。如果强制让"二代"接班，最后企业没干好，孩子还被耽误了，我见过不少这样的例子。

传承时机。传承的时机很重要，但事实是每家企业很难判断什么是最合适的时机，只能通过传承后的经营效果表现出来。传承时机的选择要考虑以下几个方面：

一是传承人真心期望企业交接班。这与传承人的年龄无关，榕石同学中有 40 多岁就把企业交给孩子的，也有高龄不交班的，关键看企业创始人自己的意愿。有的企业家愿意工作一辈子，把工作当成自己的生活方式，有的企业家愿意把企业交出去安享晚年，很难评判对错。台湾著名企业家王永庆直到 91 岁去世前，仍然在履职工作。

二是接班人和接班的机制已经准备好。传的关键是传承团队，传承核心人物，因此传承团队准备好是前提条件。同时要做好传承的机制安排，包括利益分享机制、决策机制等一系列机制。

三是企业所处的阶段。一般要选择企业正常经营、蒸蒸日上的阶段交接班比较合适，企业处在鼎盛或是低谷期都不是交接班最好的时机，在这个时期交接班可能影响企业的平稳过渡。

传承过渡期。 允许接班人按照自己的理解去经营企业，传承人不要过多干预，除非出现重大决策错误。允许接班人犯错误，接班人疼痛过、失败过，才知道珍惜，才会有更强烈的进取心。创始人要学会放手，充分授权，与接班人明确责任边界，明确哪些事情自己会参与，哪些不会参与。有的农业企业老板非常有心，先把孩子放在外部其他企业磨炼、开阔眼界，然后回到自家企业从基层干起，在艰苦的环境里磨炼意志，提升认知，成熟心性，最后接班水到渠成。

传承纠错机制。不是所有的传承都会成功，所以要有纠错机制。交接班后，如果企业经营出现严重倒退，比如企业偏离主业、利润大幅下滑，那么此时要进行纠错。企业在传承初期，一般会有多方力量相互角逐，为解决这些矛盾，企业需要建立平衡机制，对多方力量合理分权，通过合理的机制安排，把各方力量引导到企业发展上去，使各方认识到互相拆台是多输的结局。

传承企业家精神。前面多次谈到企业家精神是企业的灵魂，企业每天都面临无数来自内外部不确定性带来的压力，如行驶在大海里的一叶扁舟，风高浪急的挑战无处不在。企业家是驭舟而行的船长，他的见识、判断力、意志力和组织能力是企业成败的关键，更是企业的宝贵财富。

农业企业的传承，除了传承物质财富、管理团队之外，最重要的是传承创始人的精神。据我们了解的案例，企业家精神的传承非常难，根本在于很多企业没有抓住企业家精神的内核，把企业家精神等同于企业的价值观，而不是企业家身上那种勇于开拓、不服输、坦然面对不确定性并做出正确选择的精神。

因此，要在交接期有意识地安排传承人与接班人在一个领导团队里磨合一段时间。让接班人在企业管理各个环节领会传承人思考问题的底层逻辑，在重大经营决策中感知传承人决策时的深度思考，在艰难选择面前学习传承人对企业核心价值的坚守。当然，如前所述，传承是否成功是传承人与接班人双方共同努力的结果，传承人要调整好心态，心甘情愿地传承，扶接班人上马并送他一程。

案　例

正大集团的传承

正大集团由华人谢易初在泰国创办，目前正大集团已经形成农牧食品、商业零售、电信三大主业，还扩展到了金融、地产、制药、工业、传媒、教育等 10 多个行业，业务遍及全球 100 多个国家和地区。

正大集团已有 101 年的历史，在历经三代传承后，第四代传承人逐渐登上舞台。正大集团的百年传承值得研究和学习。

1922 年，一场风灾突袭中国广东潮汕地区，谢易初背井离乡，前往泰国谋生，在那与弟弟一同创办正大庄，把中国菜籽卖到泰国当地。在弟弟谢少飞的帮助下，正大庄的生意越做越大，于 1953 年正式成立集团公司卜蜂集团（Charoen Pokphand Group）⊖。在第一代创始人的努力下，正大集团初具规模。

谢易初原本有六个儿子，可惜最后两个儿子夭折，留下谢正民、谢大民、谢中民、谢国民四子。小儿子谢国民精明能干，先在国营企业历练积累从商经验，于 1963 年加入卜蜂集团。大儿子谢正民性情温良，比谢国民大 9 岁，见到弟弟的经营成效

⊖　卜蜂集团在中国称为正大集团，在中国以外称为卜蜂集团。

后，主动让贤，把董事长的位子让给谢国民，并且一直在背后默默支持他。

谢国民在 29 岁出任正大集团董事长一职，完成了第一代与第二代的权力交接，此时谢易初 72 岁。

第二代接班人"正大中国"四兄弟团结一致，在谢国民带领下，正大集团开启多行业、跨国的发展之路，先后进入了养鸡业、养猪业、养虾业、食品加工业、零售业和电信业，仅在泰国就建有 50 多家饲料分公司，并垄断了泰国的饲料市场。1987 年，正大集团首次进入世界 500 强。中国改革开放后，正大集团成为第一家进入中国的外资企业，它与美国大陆谷物公司在深圳合资建立了正大康地有限公司，后来从这里走出了许多农牧行业人才。正大集团在中国具有很高的知名度。

2017 年，谢国民卸任正大集团董事长、CEO 职务，其长子谢吉人接任董事长，三子谢镕仁接任 CEO。正大集团完成了第二代和第三代的交接。

谢氏家族子嗣众多，在接班问题上，从 20 世纪 80 年代起，谢国民就表明接班人能者居上。谢氏家族成员在不同的产业发展，最终选择有能力的人担任集团董事长一职。谢国民曾表示："家族子弟进公司之前，公司团队已经把事业做得很成功了。如果让家族子弟进去当老板，会让大家觉得失去升职机会而自觉没有前途。这样一来，不但一流人才会离开公司，一层一层接班的团队经营模式也会崩溃。"谢国民的三个儿子和侄儿们，进入家族企业后并没有直接进入核心业务部门，而是被派往集团旗下海外分公司，或者自己创立新的事业。比如谢正民的儿子谢炳拓展了正大集团在医药行业的市场。

除了接受市场历练外，正大集团会对接班人"扶上马，送一程"，即为扶持子女聘请专业人才，按照谢国民的话就是"应当把孩子放在师傅的脚边，而不是立刻让他们做老板"。

正大集团实行集体接班的模式。谢国民认为经营高管最好每10年更迭一次。正大集团斥巨资在泰国中部绿树成荫的考雅山建造了培训中心，投入大量时间和精力培养优秀人才，形成了合理的人才梯队。正大集团把所有权和经营权分离，家族成员享受收益，但是不直接参与到企业经营之中。

谢氏家族历经几代仍然得以传承，最根本的在于文化和家风。创始人谢易初要求子女成家后搬出去住，避免家族成员的口舌冲突。谢氏家族深受中国文化熏陶，会送子女到中国上学，子女掌握流利的中文。谢国民言传身教，重情重义，当董事长后只拿工资和奖金，为家族成员分配股份，而不是给自己谋求更多利益。谢氏家族人才辈出，家族保持了健康向上的文化。

"谁要想当董事长和CEO，就不能有任何私人事业，这是一条铁律""要懂得给，尽量要让，要替别人想，你就会少掉很多麻烦的事情，如果只为自己着想，很多人会抵抗你，变成你的敌人"，从谢国民的这些话语中可见其对接班人的要求。

后记　人生的另一种选择

缘　起

我在 50 岁的年纪，辞去了国有企业董事长的职务，选择自己创业，创办榕石商学。

身边很多朋友听到这个消息，都第一时间打电话问我为什么辞职。这个问题很难回答，不是因为我不知道答案，而是要完全向每一个人复述我的心路历程，让他们理解我的选择，是一件很难的事。

按说我是幸运的，50 岁之前就做到了国有企业董事长的位置，我只需要像轨道里一列火车的车头，每天按轨道引领火车行驶，就能拿到可观的薪水，安安稳稳，直到退休。但我每天一进入办公室，时间就被各种签字、文件、谈话、会议等占满了。这是我想要的生活吗？

到了知天命的年纪，我渐渐感受到生命的长度在不断缩短。如何活？为什么活？活得怎样？这三个问题常常萦绕在我的心头。

我很喜欢稻盛和夫在《活法》中的话："人生的意义在于提升心性，磨炼灵魂……来到这个世上是为了在死的时候，灵魂比生的时候更纯洁一点，或者说带着更美好、更崇高的灵魂去迎接死亡。"

我决定不了自己生命的长度，但是我可以拓展生命的宽度，延伸生命的深度，让人生充满丰富的色彩。到死的那一天，我能无憾地说："这一辈子没白活。"所以我想在人生的下半场，做点我自己真正喜欢做的事。

在决定创业的那一刻，其实我和我的团队也盘算了很多种可能，思考到底哪一种才是我们创业的方向。我后来在榕石商学的课堂上，讲过这样的商业模式：你有什么样的资源和能力，通过什么样的模式，为什么样的客户，提供什么样的产品或服务。我们在创业初期，也是按照这个模式选择创业方向的。

最终选择创办一所面向农业企业家的教育机构，和我的个人经历有关。

我毕业于中国农业大学，人生的第一份工作是留在中国农业大学任教，后来先后在中华人民共和国农业农村部、国务院稽察特派员总署等机构工作了近 10 年的时间。然后因为机缘巧合，又进入中国农业发展集团、中国牧工商集团系统工作了18年。现在我仍在中国农业大学做特聘教授。

我非常感恩自己的各段工作经历，它们让我有机会了解中国大学的教育体系，熟悉国家农业产业政策的制定过程，并有机会广泛接触大量的农业企业，见证不同形态、不同规模、不同发展阶段的农业企业所遇到的发展困境。在中国，农业企业特别是中小型农业企业，做得非常辛苦。对此，我一直都能感同身受。

这种辛苦主要体现在两方面。

一方面，因农业具有基础性、生物性、地域性和周期性的特点，农业企业面临着投资大、周期波动强、回报慢、风险高的困境，农业企业的利润率普遍不高，很多都是挣的辛苦钱。

另一方面，农业企业的薪酬水平相对较低，这造成高端人才严重缺乏，整体管理水平不高。很多农业企业因为管理的短板，或者是投资决策的失误，常常辛辛苦苦几十年，一夜回到原点。

这种辛苦，归根结底，还是在于缺人、缺管理。

于是我开始思考，能不能有一种教育模式，专门针对农业企业，采取理论与实践相结合的做法，总结企业的问题和经验，提炼企业家的想法，然后把它们变成课程，再回馈给农业企业呢？同时，我也问自己：我能不能站出来，帮助农业企业和农业企业家们干这个事？

　　在我的各段经历中，乾元浩公司就是我亲手创办的。我和团队一起从提出想法到筹备用了 2 年，又直接管理了 6 年，一起把乾元浩这家成立之初亏损的企业，做成了利润上亿元的企业。在这个过程当中，小到每一个经营细节，大到行业的外部环境，我对每一个环节都了如指掌。

　　这样的经历，让我有机会既能从企业经营的角度来思考问题，又能从企业管理的角度去理解问题；既能从宏观的视角来提炼问题，又能从微观的视角去解决问题。在此过程中，我对农业企业的经营与管理也有了更清晰的认知。

　　从这个维度看，我做一个农业教育机构的牵头人应该达到及格线了。

做实战教育的前行者

　　最近复读小说《百年孤独》和《一句顶一万句》。年过半百，对人生看得更加通透一些了，我发现人这一辈子，其实孤独是一种常态，而人生的无常也是一种常态，一切都是因缘际会。

　　在这种孤独和无常之中，我们决定不了生死，甚至对好多事都决定不了，我们只能要么忍受，要么接受。哲学中也常常说，生命是虚无的。看到这些孤独、无常和虚无，是不是感觉人生中好像只剩下了悲观？我认为肯定不是，而是要认知到人生的无常和虚无是常态，生活中的无奈和挫折也是常态，但面对这种常态，我们还是要热情接纳它并充满期待地活着。我命由我不由天，这才应该是人生真正的意义。

说实话，从董事长的位置上毅然辞职做农业教育，对我来说肯定是不小的挑战。当职位赋予我的光环从身上褪去，当我在这个年纪要干一份从零开始的事业，当我要不断完成从一个管理者到老师的身份转变……这个过程对我来说是痛苦的，即使在选择创业之初我已经给自己做好了各种心理建设……

但真正驱动我变强的，正是这种痛苦。

对于这种痛苦，我甘之如饴。教育的本质是点亮别人，但同时也能照亮自己；通过成就别人而成就自己。当多年后我的身体变为一抔尘土时，如果我对企业经营管理的经验、方法、心得、体会等，能够帮助到一些农业企业，在我看来，这将是我人生最大的意义。

在决定创办榕石商学之后，我就一直在思考一个问题：到底什么样的管理教育，能够真正帮助到农业企业？

我最崇拜的管理学大师是德鲁克，他很早就提出："管理是一种实践，其本质不在于'知'，而在于'行'；其验证不在于逻辑，而在于成果。"德鲁克看待各种管理问题时，总是可以一针见血、直击本质。

在我看来也是这样，对于管理而言，没有什么"终南捷径"。唯一的最优解就是：视你企业的情况而定。这句话听起来有点消极，如果真是这样，那市面上林林总总的管理学课程、理论，岂不都是无用的？

我绝没有否定管理学这门学科的意思，反而特别尊重各位管理学大师提出的各种理论和工具，我在亲自管理企业的时候，也从中受益良多。但我在落地和实践这些管理学理论和工具的时候，心中其实常常充满困惑：这些理论和工具，逻辑严密、案例翔实，都是经过大量企业的实践检验的，为何我在企业落地应用的时候，还是常常会出现这样那样的问题，需要花很多精力进行完善和优化。

我在当时所遇到的困惑，相信也是大多数农业企业管理者的痛点。而将解决客户的痛点，变成公司产品的卖点和特点，这是一条亘古不变的商业真理。至此，我对榕石商学的教学模式也愈加清晰和坚定了。

管理学知识与实践之间存在着一条巨大的鸿沟。这条鸿沟的形成，绝不是说这些管理学的理论和工具无用，而是像我前面说的，是因为每家企业的情况不同。比如企业所处的发展阶段、发展历程、商业模式、所处地域、员工的规模和素质等都不同，在 A 企业适用的工具，到了 B 企业就不一定适用。这就注定了同一种管理学理论和工具，再好，再完美，也不会适用于所有企业。

我想要做的，也是榕石商学可以做的，就是成为搭建这个鸿沟之桥上的一小段桥梁。

但有个问题我又不得不思考：在互联网教育如火如荼，各类商科教育百花齐放、百家争鸣的态势下，像榕石商学这种初创、没有先发优势、没有知名度的教育机构，要靠什么走出一条差异化的道路，要靠什么成为搭建鸿沟之桥上的一小段桥梁呢？

从实践中来，到实践中去

在开发课程之前，我带队去了几十家农业企业进行调研，挖掘它们的管理问题，了解农业企业家在学习方面的真实需求。通过调研并结合我自己经营企业的感受，我越来越明确榕石商学的价值在哪里。

填补管理学知识与实践之间鸿沟的原则，就是以榕石商学同学的问题和需求为导向；提升客户感知的唯一途径，就是让榕石商学同学的收获最大化。

如果一定要我总结榕石商学的价值，或者与其他教育机构相比，它差异化的点在哪里。那么围绕上述两项价值，并通过近两年我们对榕石商学课程模式的不断迭代，我认为可以概括为 8 个字：知识、启迪、纽带、答案。

知识

随着互联网学习的常态化，各类知识的获取正变得越来越快速和便捷。但冰冷的知识很难引起共鸣，只有那些经过传授者领会并实践后有温度的知识，才能发挥更大价值。

我将榕石商学传授的知识分为三类。

第一类我称为管理通识知识，这部分知识一定要有，目的是帮助榕石商学的同学从科学的角度形成对管理学的基本认知。这部分内容我们主要依托北京丰富的智力资源优势，邀请清华大学、北京大学、中国人民大学、中国农业大学等知名学府的优秀教授授课。对每一位授课教授，在他上课前我都会与他面对面沟通，确保教授讲的知识能与榕石商学的同学同频共振。

第二类我称为实践知识，这部分内容主要由我和有管理经验的企业家授课。我在管理企业的时候，其实没有太多的时间系统地学习管理学知识，但是靠自己不断地摸索、试错、迭代和总结，我积累了一些管理经验。我讲授的知识大部分都是来源于亲身实践的感悟，在充分了解农业企业经营痛点的基础上，我把企业管理里面最重要的管理节点梳理出来，形成了一些自创的方法和工具，并在同学的企业落地后对这些方法和工具进行不断的修正和完善。

第三类我称为在途知识，这部分内容主要是通过榕石商学同学间的思想碰撞得来的。榕石商学的各位同学都是身经百战的实战专家，其实他们各自也都积累了一些独到的管理理念和方法，只是可能没有更多的机会把它们显性化。在榕石商学的课堂上，我们就提供了这样的机会，同学之间讨论、切磋与碰撞，对一个个看似难解的管理问题，从实践的角度给出丰富的答案。榕石商学将是这些在途知识的忠实记录者，并已经积累了一批翔实的案例，我相信假以时日，这部分知识将在中国农业企业中迸发出巨大能量。

这三类知识融合到一起，是密不可分的整体。

德鲁克曾经说过，管理是科学，是实践，是艺术。榕石商学的知识体系也试图从这三个不同维度，带领榕石商学的同学探索更多的管理可能性。

启迪

我常常和榕石商学的同学说，如果只是想单纯地学习一点管理学知识，就没有必要来榕石商学。

教育就是人点亮人，这是我特别喜欢的一句话。

在榕石商学的课堂上，有同学间的案例研习、互动讨论、经验分享；有课后走进同学企业，现场剖析和交流；还有我们邀请的农业企业家、行业主管部门领导等，从不同维度分享他们对于农业企业管理的真知灼见……

人是学习和教育的载体。我们之所以这样设置，就是希望能有更多层次，来呈现管理的多面性；能有更多视角，来诠释管理的多变性。知识不是在书本上静止的，而是可以在榕石商学同学的头脑中并联和串联，在解决实践问题时迸发出新的生命力的。

"老师是学生，学生也是老师"，每个人都可以成为点亮他人的明灯。"以人为镜"，才能看到自身的差距与不足；"反思、自省，而后躬行"，才能不枉榕石商学此行。

纽带

纽带包含两个层面的意思，一个层面是希望榕石商学成为同学感情间的纽带。榕石商学深深扎根于农业，同学全部来自农业产业的不同细分行业，大家拥有基于农业的共同语言，也就注定心的距离更近。我是倾注了感情，用心在做榕石商学的，所以我也特别希望同学们都能把榕石商学当成一个大家庭，遇到任何不解或困惑，都愿意回到榕石商学这个大家庭寻求温暖和帮助。

另一个层面是希望榕石商学能成为联结同学间资源的纽带。榕石商学不提倡建立圈子文化，也不希望同学来榕石商学是为了混圈子。但如果同学间可以形成正向的商业合作，能够互帮互助，我们又何乐而不为呢？

答案

一家教育机构，似乎要给同学们答案，才显得有水平。但我不这样认为。企业经营及管理问题的答案，绝不是榕石商学能给的，我相信也不是市面上任何一家教育机构可以给的。每家企业经营的情况、背景都不同，了解企业的只有同学们自己。所以解决自身企业问题的答案，也只能由同学们自己得出。

榕石商学存在的一切意义，就是帮助同学们找到问题的答案。我特别喜欢带着问题来学习的同学，我也希望每一位来榕石商学学习的同学，都能找到问题的答案。

如果你能在榕石收获知识、启迪、纽带、答案，那么我创办榕石商学的初心就达到了。

期待美好未来

我很感激愿意来学习的同学，在榕石商学成长的过程中，正是这些同学给予的支持和信任，才使榕石商学有机会继续迭代和发展。

所谓"师者，传道授业解惑也"，当你有一碗水的时候，只能给别人一杯水；当你有一壶水的时候，才能给别人一碗水；那如果你是一片大海，就可以做到取之不尽、用之不竭。我在从管理者向老师这个身份转变的过程中，一天都没有停止过学习。

学然后知不足，我觉得教给同学们的还不够，我个人和榕石商学都还需要持续升级。我希望榕石商学的各位同学也能保持旺盛的学习力，这样才会带领各自的企业走得更远。

创办榕石商学以来，给我带来巨大成就感和满足感的事，就是看到榕石商学的同学在这个平台上的成长和进步。有的同学在榕石商学学习一年，他的企业就在战略上不断聚焦，营销端从区域市场向全国市场布局，销售收入同比增长 4 倍；有的同学的企业以解决客户痛点为核心，在产品和服务上持续发力，预计业绩同比翻番……

当听到榕石商学的同学向我反馈企业的进步，并表示对榕石商学帮他们厘清思路的感谢时，我感觉曾经所有的辛苦在这一刻都值了。当然，这些进步不只是他们学习的功劳，还和市场机遇、同学的个人努力、企业多年积累分不开。但无论如何，能看到榕石商学的各位同学在榕石商学的平台上加速成长，让我对榕石商学的未来更加充满信心。

对于未来的榕石商学我有几点期许：

第一，我希望榕石商学能够帮助农业企业管理者找到解决具体问题的答案，为榕石商学的同学们创造价值，让他们的企业经营得更好。

第二，我希望榕石商学可以实实在在地帮助同学们修炼心性，让他们活得更加豁达和通透，然后再反过来影响自己的企业。

第三，我希望榕石商学的同学们和我一样，用利他之心去做企业，用在榕石商学的所学去帮助更多的人。

第四，我希望榕石商学可以成为一个无边界的平台，上连资源，下接企业，让这个平台上的所有相关者都获得更好的发展。

我是主张榕石商学的同学永远不毕业的，榕石商学的课程、资源、活动将永远向每一位榕石商学的同学开放。我们相信，只要同学们愿意，这世界上将永远有一扇门为他们而留。

榕石商学是我决心这辈子一定要干好的事业，我也会倾注全部的心血，不论有什么困难，为了榕石商学的同学，我一定会坚持走下去。我也坚信榕石商学会越来越好!

最后,我想解释一下"榕石商学"名字的由来。"榕"取自榕树,榕树枝繁叶茂,生命力旺盛,寓意榕石商学和同学们的企业都能够不断成长,蓬勃发展;"石"取自石头,石头坚硬且扎实,寓意榕石商学和同学们的企业都能够根基稳固,坚如磐石。

无意中得知,广东省惠来县还有个"榕石永福禅寺",在此引用寺庙里一首诗的其中两句"木石犹能相契合,竹梅互许素心同",希望各位朋友、老师以及榕石商学的同学们,都能够与榕石商学契合,永远幸福!

推荐阅读

商业模式新生代（经典重译版）
作者：（瑞士）亚历山大·奥斯特瓦德 等
ISBN：978-7-117-54989-5 定价：89.00 元
一本关于商业模式创新的、实用的、启发性的工具书

商业模式新生代（个人篇）
一张画布重塑你的职业生涯
作者：（瑞士）亚历山大·奥斯特瓦德 伊夫·皮尼厄
ISBN：978-7-111-38675-9 定价：89.00 元
教你正确认识自我价值，并快速踏出超乎想象的人生规划

商业模式新生代（团队篇）
作者：（美）蒂莫西·克拉克 布鲁斯·黑普
ISBN：978-7-117-60133-3 定价：89.00 元
认识组织，了解成员，
一本书助你成为"变我为我们"的实践者

价值主张设计
如何构建商业模式最重要的环节
作者：（瑞士）亚历山大·奥斯特瓦德 等
ISBN：978-7-111-51799-3 定价：89.00 元
先懂价值主张，再设计商业模式。
聚焦核心，才能创造出最优秀的模式